韶关学院"粤北基础教育高质量发展的探索"(编号:SH2022SK01)项目资助

粤北基础教育高质量发展的探索
YUEBEI JICHU JIAOYU GAOZHILIANG FAZHAN DE TANSUO

童顺平 著

图书在版编目(CIP)数据

粤北基础教育高质量发展的探索/童顺平著.—武汉:中国地质大学出版社,2023.8

ISBN 978-7-5625-5636-7

Ⅰ.①粤… Ⅱ.①童… Ⅲ.①基础教育-发展-研究-广东 Ⅳ.①G639.21

中国国家版本馆CIP数据核字(2023)第130236号

粤北基础教育高质量发展的探索		童顺平 著
责任编辑:沈婷婷	策划编辑:沈婷婷	责任校对:徐蕾蕾
出版发行:中国地质大学出版社(武汉市洪山区鲁磨路388号)		邮编:430074
电　　话:(027)67883511　　传　　真:(027)67883580		E-mail:cbb@cug.edu.cn
经　　销:全国新华书店		http://cugp.cug.edu.cn
开本:787毫米×960毫米　1/16	字数:235千字	印张:12
版次:2023年8月第1版	印次:2023年8月第1次印刷	
印刷:武汉中远印务有限公司		
ISBN 978-7-5625-5636-7		定价:58.00元

如有印装质量问题请与印刷厂联系调换

序

当前，我国社会的主要矛盾已经转化为人民日益增长的美好生活需要和不平衡不充分的发展之间的矛盾。社会主要矛盾的变化，透射到教育领域，就是要求基础教育高质量发展，办好人民满意的教育，着力解决教育发展不平衡、不充分的问题。

教育研究者的社会责任之一是关注教育发展过程中的不平衡、不充分，关切教育发展中的后进者，为其发声，助其前行。

粤北是广东省北部地区，人杰地灵，天宝物华，风物宜人，唯其经济社会发展难遂人意，成为广东省"经济巨人"的缺憾。近年来，粤北基础教育广受国家和广东省的政策泽被，发展日进。但是，由于各种主客观原因，不如意处仍多存焉。"十四五"时期，粤北基础教育如何实现高质量发展？这成为生活在这片土地上的教育研究者和实践者亟须解答的时代之问和人民之问。

本书是作者立足粤北观察和思考基础教育，扎根粤北开展基础教育研究的材料和成果的汇报。全书围绕粤北基础教育高质量发展，有对粤北基础教育高质量发展框架的探索，也有对粤北基础教育相关议题现状的厚描、问题的诊断以及改进的探讨，可以说是对粤北基础教育高质量发展研究的一次大胆探索。书中数据多就地取材，指向具体可靠，于粤北一隅基础教育高质量有价值，于广东省乃至全国他地亦有鉴。

本书可为基础教育管理者、实践者、研究者以及教育学相关专业研究生提供参考。

是为序。

童顺平
于韶乐园
2023年4月2日

目 录

绪 论 ·· (1)
  一、研究背景与意义 ·· (1)
  二、研究现状 ·· (2)
  三、研究对象与目标 ·· (3)
  四、研究方法、思路与内容 ·· (3)

第一章 粤北基础教育发展的现状与框架 ·· (5)
  一、粤北基础教育发展现状 ·· (5)
  二、粤北基础教育高质量发展框架 ··· (6)

第二章 粤北幼儿家庭财商教育的问题及改进 ·· (11)
  一、研究设计 ·· (11)
  二、粤北幼儿家庭财商教育问题表达 ··· (12)
  三、粤北幼儿家庭财商教育问题挖掘 ··· (15)
  四、粤北幼儿家庭财商教育问题解决 ··· (17)

第三章 粤北农村小学美育的问题及改进 ··· (21)
  一、研究设计 ·· (21)
  二、粤北农村小学美育的现状 ·· (22)
  三、粤北农村小学美育的问题 ·· (26)
  四、粤北农村小学美育的改进 ·· (29)

第四章 粤北农村小学新生入学适应性的问题及改进 ······································· (34)
  一、研究设计 ·· (34)
  二、粤北农村小学新生入学适应性的现状 ··· (38)
  三、粤北农村小学新生入学适应性的问题 ··· (44)
  四、粤北农村小学新生入学适应性的改进 ··· (46)

第五章　粤北农村小学核心素养培养的问题及改进 …………… (50)
 一、研究设计 …………………………………………………… (50)
 二、粤北农村小学核心素养培养的现状 ……………………… (51)
 三、粤北农村小学核心素养培养的问题 ……………………… (54)
 四、粤北农村小学核心素养培养的改进 ……………………… (60)

第六章　粤北农村小学教师业余生活的问题及改进 …………… (63)
 一、研究设计 …………………………………………………… (63)
 二、粤北农村小学教师业余生活的现状 ……………………… (65)
 三、粤北农村小学教师业余生活的问题 ……………………… (73)
 四、粤北农村小学教师业余生活问题成因 …………………… (74)
 五、粤北农村小学教师业余生活的改进 ……………………… (75)

第七章　粤北农村小学课后服务的问题及改进 ………………… (77)
 一、研究设计 …………………………………………………… (77)
 二、粤北农村小学课后服务的现状 …………………………… (78)
 三、粤北农村小学课后服务的问题 …………………………… (86)
 四、粤北农村小学课后服务的改进 …………………………… (88)

第八章　粤北小学语文写字教学的问题及改进 ………………… (92)
 一、研究设计 …………………………………………………… (92)
 二、粤北小学语文写字教学的现状 …………………………… (93)
 三、粤北小学语文写字教学的问题 …………………………… (96)
 四、粤北小学语文写字教学问题成因 ………………………… (99)
 五、粤北小学语文写字教学的改进 …………………………… (100)

第九章　粤北小学语文习作教学的问题及改进 ………………… (103)
 一、研究设计 …………………………………………………… (103)
 二、粤北小学语文习作教学的现状 …………………………… (107)
 三、粤北小学语文习作教学的问题 …………………………… (116)
 四、粤北小学语文习作教学的改进 …………………………… (119)

第十章　粤北小学劳动教育的问题及改进 ……………………… (125)
 一、研究设计 …………………………………………………… (125)
 二、粤北小学劳动教育的现状 ………………………………… (127)
 三、粤北小学劳动教育的问题 ………………………………… (135)

四、粤北小学劳动教育问题成因 …………………………………… (138)
　　五、粤北小学劳动教育的改进 …………………………………… (140)
第十一章　粤北民族地区小学校本课程开发的问题及改进 ………… (144)
　　一、研究设计 ……………………………………………………… (144)
　　二、粤北民族地区小学校本课程开发的现状 …………………… (146)
　　三、粤北民族地区小学校本课程开发的问题 …………………… (149)
　　四、粤北民族地区小学校本课程开发的改进 …………………… (152)
第十二章　粤北基础教育学生课堂评价的问题及改进 ……………… (155)
　　一、粤北基础教育学生课堂评价的问题 ………………………… (155)
　　二、粤北基础教育学生课堂评价的改进 ………………………… (156)
　　三、粤北基础教育学生课堂评价改进展望 ……………………… (159)
第十三章　粤北基础教育品牌建设的问题及其改进 ………………… (162)
　　一、基础教育品牌的内涵识读 …………………………………… (162)
　　二、基础教育品牌的价值阐释 …………………………………… (163)
　　三、创建品牌促进粤北基础教育高质量发展 …………………… (164)
　　四、粤北基础教育品牌的进路选择 ……………………………… (165)
　　五、粤北特色品牌学校建设的问题 ……………………………… (168)
　　六、粤北特色品牌学校建设的改进 ……………………………… (169)
　　七、粤北特色品牌学校建设的经验 ……………………………… (171)
主要参考文献 …………………………………………………………… (173)
后　　记 ………………………………………………………………… (184)

绪 论

一、研究背景与意义

（一）研究背景

高质量发展是新时代中国经济社会的鲜明特征。2017年，中国共产党第十九次全国代表大会首次提出了"高质量发展"这一表述。2021年3月，中共中央政治局召开会议审议通过《关于新时代推动中部地区高质量发展的指导意见》。2022年10月，中国共产党第二十次全国代表大会围绕加快构建新发展格局，着力推动高质量发展作出重大部署，为我国经济社会不断开创发展新局面指明了前进方向。2023年3月5日，习近平总书记在参加十四届全国人大一次会议江苏代表团审议时强调，高质量发展是全面建设社会主义现代化国家的首要任务。2023年3月13日，在十四届全国人大一次会议闭幕会上，习近平总书记再次指出："在强国建设、民族复兴的新征程，我们要坚定不移推动高质量发展。"事实上，基础教育也需要高质量发展，探索基础教育高质量发展是新时代基础教育改革发展的重要命题。教育部基础教育司党支部书记、司长吕玉刚指出："深入学习贯彻党的二十大精神是当前和今后一个时期的首要政治任务。我们要牢记为党育人、为国育才初心使命，以忠诚为民团结实干的优良作风，突出重点、狠抓关键，积极开辟新领域新赛道，不断塑造新动能新优势，奋力推进新时代基础教育高质量发展。"粤北地区属于广东省的北大门，尽管经济社会发展相对缓慢，但是基础教育的发展基础较好。在新时代，粤北基础教育亟须高质量发展。

（二）研究意义

（1）聚焦区域基础教育高质量发展。"粤"是广东省的简称，粤北地区即广东省的北部地区，通常指韶关市、清远市。本书聚焦特定区域，即粤北地区基础教育高质量发展，有助于丰富当前国内教育高质量发展研究。

（2）提出基础教育高质量发展框架。基础教育要实现高质量发展，有赖于对制约高质量发展的突出问题进行有效解决。为此，本书构建了问题导向的基础教育高质量发展框架，并借此对粤北基础教育高质量发展相关问题进行探讨。

(3)改进基础教育发展样态。本书关于粤北基础教育相关议题现状、问题及其改进的研究,可以为粤北及同类地区教育行政部门提供政策依据,为其他地区教育行政部门提供政策参考;还可以为粤北地区及同类地区中小学改进相关问题提供实践指导,为其他地区中小学解决相关问题提供借鉴,进而有助于改进基础教育发展样态。

二、研究现状

教育高质量发展是目前学界重点关注的热点问题。事实上,国外对教育高质量发展的研究较早。1959 年,《艺术教育》杂志提出高质量教育是国家安全的必备条件的观点。1997 年,希尔默在《教育经济学》发文探讨了社区大学出勤与高质量教育相关性的问题。随后,更是出现了建立法律框架支持南非高质量教育(Johan,2006)、大学需要高质量教育以及对学生(产品)知识和技能基础的有效质量控制(Adam et al.,2010)、高质量教育项目(Martin,2013)、高质量工程教育生态系统蓝图(Sohum et al.,2017)、国际学生高质量教育(Pluzhnik and Guiral,2020)等方面的研究文献。

受国家政策驱使,国内教育高质量发展的研究从 2018 年开始,尽管起步晚,但是发展很快。目前在基础教育领域出现了多条文献,具有代表性的有:范涌峰(2021)探讨了"后减负时代"基础教育高质量发展的生态重构;李政涛(2020)提出"五育融合"推动基础教育高质量发展;杨清溪和柳海民(2020)提出优质均衡是中国义务教育高质量发展的时代路向;单妍和李志厚(2019)讨论了基于教育高质量发展的混合式教学模式建构。在高等教育领域出现的文献中,具有代表性的有:王建华(2021)分析了什么是高等教育高质量发展;刘国瑞(2021)讨论了新发展格局与高等教育高质量发展的关系;杜玉波(2020)提出为适应新发展格局需要,需推进高等教育高质量发展;贺祖斌(2020)分析了高等教育高质量发展的十大要点;郭月兰和汪霞(2019)分析了研究生教育高质量发展的内涵、逻辑与实践取向。在职业教育领域,有关高质量发展的研究较多,具有代表性的有:庄西真(2021)讨论了增值评价对职业教育高质量发展的意义;马廷奇(2019)分析了高职院校扩招与高职教育高质量发展;周建松(2019)提出以"双高计划"引领高职教育高质量发展;薛茂云和王国庆(2018)提出专业集群建设是实现新时代高职教育高质量发展的路径选择。

相比较而言,国内外先行研究对区域基础教育高质量发展的研究严重不足,这为本书的研究留下了巨大的空间。

三、研究对象与目标

（一）研究对象

本书的研究对象为粤北基础教育相关议题高质量发展问题。本书对粤北基础教育高质量发展的研究，重点关注粤北幼儿家庭财商教育，粤北农村小学美育、新生入学适应性、核心素养培养、教师业余生活、课后服务，粤北小学语文写字教学、语文习作教学、劳动教育，粤北民族地区小学校本课程开发，粤北基础教育学生课堂评价以及教育品牌建设等。

（二）主要目标

探索粤北基础教育发展现状和高质量发展框架，梳理粤北基础教育相关议题现状，诊断粤北基础教育相关议题问题，探索粤北基础教育高质量发展改进路径，推进粤北基础教育高质量发展。

四、研究方法、思路与内容

（一）研究方法

(1)调查研究法。通过访谈调查和问卷调查梳理粤北基础教育现状和问题，把握粤北基础教育总体和局部。

(2)个案研究法。个案研究性，又称案例研究法，即选择典型和具有代表性的学校进行调查和深入分析探讨，以小见大，通晓粤北基础教育特定议题的现状和问题细节。

(3)资料分析法。对相关数据资料、政策资料、实践资料、事件资料进行分析，进一步明确粤北基础教育发展相关问题。

(4)文献研究法。系统梳理相关文献，援引文献相关观点和理论。

此外，本书个别章还使用了观察研究法。

（二）研究思路

本书研究的基本思路：首先，明确粤北基础教育发展现状；其次，构建粤北基础教育高质量发展框架；最后，探索粤北基础教育相关议题高质量发展问题。

（三）研究内容

第一章为粤北基础教育发展的现状与框架；第二章为粤北幼儿家庭财商教育的问题及改进；第三章为粤北农村小学美育的问题及改进；第四章为粤北农村小学新生入学适应性的问题及改进；第五章为粤北农村小学核心素养培养的问

题及改进;第六章为粤北农村小学教师业余生活的问题及改进;第七章为粤北农村小学课后服务的问题及改进;第八章为粤北小学语文写字教学的问题及改进;第九章为粤北小学语文习作教学的问题及改进;第十章为粤北小学劳动教育的问题及改进;第十一章为粤北民族地区小学校本课程开发的问题及改进;第十二章为粤北基础教育学生课堂评价的问题及改进;第十三章为粤北基础教育品牌建设的问题及其改进。

第一章　粤北基础教育发展的现状与框架

2020年8月,习近平总书记在主持召开经济社会领域专家座谈会时,对我国社会主义现代化建设的历史方位作出了新的战略判断。他指出:"十四五"时期是我国全面建成小康社会、实现第一个百年奋斗目标之后,乘势而上开启全面建设社会主义现代化国家新征程、向第二个百年奋斗目标进军的第一个五年,我国将进入新发展阶段。这是党和国家领导人对我国中长期经济社会发展重大问题的正确认识和深刻把握,指明了未来一段时间我国经济社会发展的历史方位和行进基点。教育事业是我国社会主义现代化建设事业的重要组成部分,这一重大判断无疑表明,"十四五"时期,我国社会主义教育事业也将进入新发展阶段,会在新的历史方位和基点上取得新的成绩。这要求教育理论工作者和实践工作者立足新发展阶段,探索符合新发展阶段的教育新发展理念,推动在新发展阶段上我国新的教育发展格局的形成。在新发展阶段,区域基础教育高质量发展重要性凸显。2020年10月,党的十九届五中全会审议通过《中共中央关于制定国民经济和社会发展第十四个五年规划和二〇三五年远景目标的建议》,强调"十四五"时期我国教育事业的主要目标是"建设高质量教育体系"。建设高质量教育体系,根基在于实现区域基础教育的高质量发展。因此,粤北基础教育高质量发展在新发展阶段的重要性凸显。

一、粤北基础教育发展现状

粤北是广东省北部地区的简称,包含韶关市和清远市2个地级市。其中,韶关市下辖10个县(市、区),包括武江区、浈江区、曲江区、南雄市、仁化县、乐昌市、翁源县、新丰县、乳源瑶族自治县(简称乳源县)、始兴县;清远市下辖8个县(市、区),包括清城区、清新区、连州市、英德市、阳山县、佛冈县、连山壮族瑶族自治县、连南瑶族自治县。粤北地理环境以山区为主,经济社会发展比较落后,农村人口众多。据统计,2020年韶关市农村人口占54.9%,清远市农村人口占46.5%。2020年,韶关市10个县(市、区)有小学209所,在校生268 462人,小学适龄儿童入学率达100%;清远市8个县(市、区)有小学409所,在校生

410 969 人,小学适龄儿童入学率96.3%。粤北 2 个地级市合计有小学 618 所(韶关市教育局,2022)。

近年来,粤北 2 个地级市的基础教育发展均取得了显著成绩。韶关市 2010 年实现了 15 年基础教育普及,2014 年成为广东省教育强县(市、区)100%覆盖市,2015 年通过全国义务教育发展基本均衡评估,2018 年成功创建广东省推进教育现代化先进市,2019 年实现独立建制学校信息化 100%覆盖,基础教育条件得到了较大改善。清远市 2018 年成功创建广东省推进教育现代化先进市,2019 年62.35%的农村学校开通校园专线,同年,投入 8937 万元成功改造 27 所农村小学,改扩建农村寄宿制学校 13 所,新增寄宿制学位 3441 个,基础教育水平得到了较大提升(清远市教育局,2022)。

毋庸讳言,由于主观和客观上诸多原因,粤北基础教育与其他基础教育发达地区相比总体较落后,亟须实现基础教育高质量发展。

二、粤北基础教育高质量发展框架

粤北基础教育实现高质量发展,是我国教育高质量发展目标实现的重要构成。粤北基础教育可以借由诊断、改进和品牌建设"三部曲"实现高质量发展。

(一)粤北基础教育高质量发展的诊断

诊断在医学上是指医生对病情进行判断并确定治疗方案。教育诊断是指为保证教育朝既定目标健康发展,通过系统搜集、整理和分析教育过程性或结果性资料,对影响教育发展的制约因素、问题病灶进行查验判断,并寻求改进的活动。粤北基础教育高质量发展诊断属于教育诊断,是指为实现粤北基础教育高质量发展,通过搜集、整理和分析基础教育过程性或结果性资料,对基础教育高质量发展的问题病灶进行查验判断,并在此基础上寻求改进的活动。

粤北基础教育高质量发展诊断按照不同的分类标准可以分为不同的类型。按照资料搜集方式可以分为定性诊断和定量诊断,前者主要由熟悉教育诊断的专家根据经验开展诊断,后者则运用现代数学与统计方法基于数据、模型开展诊断。根据诊断活动的覆盖范围可以分为专项诊断和综合诊断,前者针对某一方面进行诊断,后者就多方面进行诊断。按照诊断主导机构可以分为自我诊断和第三方诊断,前者由本级政府或教育主管部门牵头诊断,后者由第三方社会组织或个人牵头诊断。按照诊断目的可以分为方案性诊断、阶段性诊断、终结性诊断。其中,方案性诊断用于对粤北基础教育高质量发展方案的科学性、合理性、可行性等作出诊断;阶段性诊断用来对某一时段内粤北基础教育高质量发展目标、措施和效果等作出诊断;终结性诊断用于对粤北基础教育高质量发展的最终教育效果或预定目标达成情况等作出诊断。

粤北基础教育高质量发展诊断的一般步骤是:①本级政府或教育主管部门作为粤北基础教育高质量发展教育诊断邀约方提出诊断邀约与诊断要求;②有关个人或组织作为诊断承接方接受邀约或提出申请,双方在协商基础上达成粤北基础教育高质量发展诊断的约束性协议;③诊断承接方拟定粤北基础教育高质量发展诊断工作方案,诊断工作方案经教育诊断邀约方评估审定后正式实施;④粤北基础教育高质量发展诊断承接方采取多种方法搜集有关文件、文献、数据资料,开展现场调查,召开教育诊断讨论会,整理和分析搜集的各类资料,陈述问题,提出处方;⑤粤北基础教育高质量发展诊断承接方撰写完整的粤北基础教育高质量发展诊断报告,提交给诊断邀约方评估;⑥粤北基础教育高质量发展诊断邀约方评估诊断报告,根据实际情况合理使用诊断报告结果。这属于政府有组织的自我诊断行为。

此外,还有以研究者为主的第三方诊断活动,其一般步骤是:研究者围绕关注的粤北基础教育高质量发展议题进入现场;借助一定研究方法,通过访谈、问卷、观察等深入现场系统搜集相关资料;分析相关资料,结合自身判断,对影响粤北基础教育高质量发展的重要问题作出诊断。

粤北基础教育高质量发展诊断通常采用观察法、问卷法、访谈法、量表法、测验法等搜集资料。观察法需要诊断者深入基础教育现场,在自然情境下根据设计对特定对象进行观察。问卷法需要诊断者编制具有一定信度和效度的问卷,以搜集定量数据。访谈法需要诊断者借助访谈提纲、访谈卡等围绕粤北基础教育高质量发展进行结构式访谈。量表法通常会使用标准化量表,借助量表对诊断对象作出分析。测验法通常采用标准化教育测验,旨在为粤北基础教育高质量发展提供不可缺少的学生学习信息。此外,教育大数据在粤北基础教育高质量发展诊断中的重要性越来越突出,如果有教育大数据作为支撑,粤北基础教育高质量发展诊断精准度会大大提升。

粤北基础教育高质量发展诊断具有查验判断和寻求处方的双重功能,首先要对发展中的问题病灶进行查验判断,然后在此基础上寻求化解或改进处方,因此诊断是粤北基础教育高质量发展的基础。

(二)粤北基础教育高质量发展的改进

粤北基础教育高质量发展离不开有目标、有步骤、持续性地改进。粤北基础教育高质量发展改进的责任主体是本级政府,本级教育主管部门是粤北基础教育高质量发展改进的直接责任机构,负责粤北基础教育高质量发展改进的具体工作。粤北基础教育高质量发展改进需要由本级政府牵头,本级教育主管部门承担,广大学校参与。

(1)粤北基础教育高质量发展系统提升改进。粤北基础教育高质量发展改进是一个系统工程:要对粤北基础教育高质量发展问题病灶有明确认识,系统设计应对举措,逐一全面化解;要抓住基础教育系统改进的有效资源、有利时机和制高位置;要采取"先试点＋再推广"模式,在打造一个可以看得见、摸得着样板的同时,大力推广和创造性运用试点经验;要找到基础教育新思想、新理念、新模式、新举措与基础教育旧系统的关联处和连接点,让两者在和谐共存中实现系统提升改进;要在充分评估已有基础和条件的基础上,选取学前教育、小学教育或中学教育等,进行特定学段系统先导性提升改进;要善于通过阶段性提升改进的积累,推动更大范围的系统提升改进。例如,湖南石门县政府积极实施"科教兴县""教育强县"战略,通过崇文重教、教育先行,营造教育发展"新气象";通过加大投入、改善条件,增添教育发展"新动力";通过统筹兼顾、协调共振,构建教育发展"新格局";通过内强素质、外树形象,锻造教育发展"新引擎";通过改革创新、提升内涵,打造教育发展"新高地"等基础教育系统提升改进措施,优化教育环境,提升教育质量,打造教育强县。

(2)粤北基础教育高质量发展重点突破改进。本级政府或教育主管部门要建立粤北基础教育高质量发展制约因素、问题病灶台账,通过将特定制约因素和问题病灶作为重点突破目标,有针对性地加以改进;要在统筹部署粤北基础教育各方面工作任务的同时,结合粤北基础教育发展条件和实际,在粤北基础教育中长期发展规划或年度教育重点工作中,有侧重地确立若干在粤北基础教育高质量发展过程中发挥关键作用的方面,作为粤北基础教育高质量发展的重点突破改进项目。重点突破改进项目可以工程项目的方式,如课程设计优化工程、翻转课堂落实工程、教师行动研究提升工程、学校信息技术改进工程、温馨校园美化工程等,实现粤北基础教育高质量发展;还可以专项的方式,如参与式课堂教学推进专项、探究性学习改进专项、教师校本研修突破专项等,促进粤北基础教育高质量发展。

(3)粤北基础教育高质量发展学校创新改进。学校是粤北基础教育高质量发展的根本依托,粤北基础教育高质量发展离不开学校创新改进。一是合理定位。学校创新改进首要的是定好位,就是要确立学校在粤北基础教育中的独特位置,造就办学思想、人才培养规格、校训、校风、教风、学风等方面的个性或独特性,以区别于粤北内外其他学校。二是改善质量。具备一定的质量不仅是学校创新改进成效的保证,也是粤北基础教育高质量发展的前提。学校创新改进要树立质量为本的思想,推进高效课堂教学模式,引导学生学习方式和教师教学方式发生转变;要体现结果导向,改进学校教师工作绩效评价制度、学生学业成绩评价制度;要尊重教师创造性,推动教师行动研究、教改探索等,着力改善教育质量。三是科技保障。科技可以赋能学校教育。学校创新改进离不开科技投入,要提高教育的科技含量。学校创新改进要在信息技术、教育大数据、教育云、智慧教育等方面积极探索,以先进科技的引入赢得教育高质量发展的主动权。四是打造特色。学校创新改进要围绕差异发展、打造特色的思路,通过提炼特色办学理念、创造特色育人模式、打造特色校园文化、凝练特色课堂教学或组织方式、塑造特色体育或艺术工程项目等,打造特色教育,走特色发展之路。

由于粤北基础教育高质量发展需要对基础教育问题病灶进行持续改进,因此改进是粤北基础教育高质量发展的核心环节。

(三)粤北基础教育高质量发展的品牌建设

教育品牌具有的巨大吸引力和竞争力正在被社会和教育界广泛认识。教育品牌是粤北基础教育高质量发展的标志,也是粤北基础教育高质量发展的目标。粤北基础教育高质量发展呼唤粤北基础教育品牌的形成。为此,粤北基础教育高质量发展需要树立粤北基础教育品牌意识,进行粤北基础教育品牌创建和维护。

(1)树立粤北基础教育品牌意识。教育品牌是在教育实践过程中逐步确立的具有独特标识、广泛认同度和竞争优势的教育资源。基础教育品牌在形式上通常通过术语、符号、形象、标识等来体现其独特性和差异性,本质上是一个学校的基础教育在理念、行为和视觉上具有广泛认同的不同于其他学校的特点,拥有的优于周边学校的竞争优势,能为民众带来优于周边学校的教育服务。粤北基础教育高质量发展要树立基础教育品牌意识,要将基础教育品牌作为粤北基础教育高质量发展的根本标志。本级政府或教育主管部门要有基础教育品牌意识,将基础教育品牌作为高质量发展的目标追求和粤北基础教育改革发展的根本方向,精心设计和培育基础教育品牌,自觉追求基础教育品牌。

(2)进行粤北基础教育品牌创建。粤北基础教育高质量发展需要进行基础教育品牌创建。基础教育品牌创建需要引导粤北基础教育学校清晰提炼办学理念、办学思想、办学目标、办学特色,充分挖掘各方面办学的成效、个性与特色,形成不同层面、不同内涵、不同样态的学校品牌。一是进行品牌遴选。本级政府或教育主管部门可以通过发布基础教育品牌创建和遴选文件,每年遴选若干所具有品牌示范作用的学校作为基础教育品牌创建学校,以及遴选已经有一定品牌基础的学校作为基础教育品牌创建培育学校,经过一段时间的工作,打造一批基础教育品牌。二是进行品牌复制。本级政府或教育主管部门要注意推广基础教育领域的教育品牌。通常而言,本地总会有一些学校在基础教育品牌创建方面具有成熟做法或特色实践,本级政府或教育主管部门要积极指导这些基础教育品牌,帮助其总结提炼,将其上升为可以复制的操作模式或式样,在区域内进行广泛推广。三是进行品牌引进。国内其他地区以及境外其他国家或地区基础教育领域拥有很多教育品牌,本级政府或教育主管部门可以积极介绍和引进,用于改善基础教育整体状态,促进粤北基础教育高质量发展。

（3）进行粤北基础教育品牌维护。粤北基础教育高质量发展需要树立基础教育品牌维护意识。基础教育品牌维护不仅有利于提高基础教育品牌的质量,巩固基础教育品牌的地位,还有助于防止基础教育品牌的知名度、美誉度下降,避免基础教育品牌老化,丧失品牌吸引力。基础教育品牌维护要不断强化基础教育品牌的价值、行为和形象,对品牌价值进行再提炼,对品牌形象进行再设计,对品牌行为进行再淬炼,不断提升基础教育品牌的质量;要对基础教育品牌进行理性延伸和扩张,如将基础教育品牌的核心价值、主要行为进行纵向或横向拓展,延伸出新的教育品牌;对基础教育品牌进行有计划的传播,通过探寻合适的传播对象、传播渠道和传播方式,强化基础教育品牌的推广力度,提升基础教育品牌的传播效果;要打造一支基础教育品牌维护的专业队伍,借由专业的基础教育品牌维护工作,保障基础教育品牌维护的专业水准。

至此,我们可以将粤北基础教育高质量发展框架概括为图1-1。

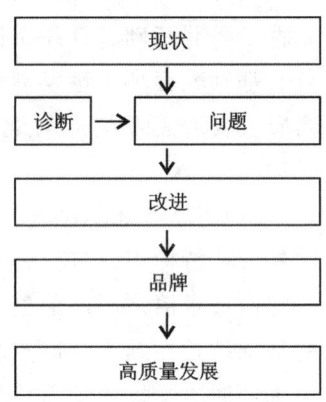

图1-1 粤北基础教育高质量发展框架图

第二章　粤北幼儿家庭财商教育的问题及改进[①]

随着经济社会的发展,财商教育重要性益发凸显,业已成为幼儿教育的一个重要组成部分。研究表明,财商教育的正确引导,是幼儿树立可持续消费观,实现国家和社会可持续发展的需要。通过财商启蒙教育,幼儿能明白自己的需求,明白储蓄的重要性和金钱在他们生活中的扮演角色。家庭是幼儿财商教育的主要阵地。2013 年教育部印发的《3—6 岁儿童学习与发展指南》建议,购买少量物品时,应有意识地鼓励幼儿参与计算和付款过程。但事实上,我国幼儿家庭财商教育总体仍不够理想。腾讯金融科技智库与深圳大学会计财务研究所 2018 年联合发布的《亲子财商教育:国际比较与中国启示》显示,我国幼儿财商水平整体处于及格水平,欠发达地区幼儿财商水平尤其低。因此,对粤北幼儿家庭财商教育进行研究具有实现意义。

一、研究设计

(一)概念界定

财商(financial quotient,FQ),是现代社会同智商、情商一样重要的人的基本素质。20 世纪 80 年代,罗伯特·清崎与莎伦·莱希特在《富爸爸穷爸爸》一书中最先提出了"财商"的概念。他们认为财商即理财的智慧,包含正确的金钱观、消费观等理财观念与正确使用、获取金钱的理财能力两方面(夏义勇,胡勤涌,2017)。财商教育实质是关于理财观念和理财能力的教育。

(二)研究方法

(1)问卷调查法。采用问卷调查法开展调查。问卷系自编,经 SPSS 检测 Alpha 值为 0.635,信效度符合要求。问卷面向幼儿家长发放,先后共发放问卷 109 份,收回有效问卷 107 份,有效回收率为 98.2%。收回问卷后利用 SPSS 21.0 汉语版分析得到本书数据。

(2)访谈研究法。访谈调查对象为幼儿家长和幼儿园教师。其中,幼儿家长

---

① 曾靖珊、曾韵珊、徐柳媛、曾慧琳参与本章调研和初稿撰写,特此致谢。

35人,其中,男性家长8人,女性家长27人;本科学历13人,专科及以下学历17人,硕士及以上学历5人。幼儿园教师5人,其中园长2人,一般教师3人,均为女性。人均受访时间25min。访谈调查资料按受访顺序从01到40编码(01～35为幼儿家长,36～40为幼儿教师)后作为一手资料用于本书中。

(3)文献研究法。利用相关文献开展研究。

(三)理论框架

理论框架来自问题管理理论。问题管理,简言之,就是借助问题优化管理,是20世纪70年代美国管理实务界提出的一种用于公司确定、分析、管理出现的问题的理论工具(孙继伟,2008)。学术界一般界定为:在深入挖掘问题的基础上,合理表达问题,正确解决问题,以此来防范小问题积累成大问题、大问题演化为危机。问题管理通常包含问题表达、问题挖掘、问题解决三方面(孙继伟,2010)。为防止粤北幼儿家庭财商教育问题积小成大,适合用问题管理理论,从问题表达、问题挖掘、问题解决等方面开展分析研究。

二、粤北幼儿家庭财商教育问题表达

问题表达就是透过现象和表征准确描述出现的问题。对个案的调查数据发现,粤北幼儿家庭财商教育出现了如下问题。

(一)认识不足:家庭财商教育没有主动性

大部分家长对幼儿家庭财商教育不了解,对家庭财商教育认识模糊。数据显示,在回答"有无听过财商教育"时,只有26%的家长表示听过财商教育,有74%的家长表示没有听过财商教育。访谈调查发现,在问及"是否了解财商教育"时,大部分家长表示不了解。"平时自己不会去了解,不太懂这方面的东西"(受访者05)。

家长对幼儿的财商教育接受能力存在误判。在问"幼儿可接受财商教育的年龄"时,72%的家长认为财商教育应在7岁以后进行,只有28%的家长认为可以在3～6岁进行财商教育。访谈发现,家长主张7岁以后进行财商教育是因为他们认为幼儿在3～6岁没有能力接受财商教育。"小学阶段,他才会计算,才会有金钱意识,然后才能接受,不然也不太懂这些"(受访者11)。"这些对他来说太难了。幼儿园的幼儿还小,没有一定的金钱意识,要怎么进行财商教育呢?"(受访者35)

家长对财商教育的重要性和必要性认识不足,让幼儿接受财商教育意愿低,对家庭财商教育缺乏自觉。问卷调查显示,5%的家长认为"没必要"进行幼儿财商教育,32%的家长表示"没想过"要进行家庭财商教育。有受访者表示:"我没有了解,也不会带他去学。我自己觉得没有这个必要"(受访者06)。"财商是在实际生活中受到环境影响的结果,可以自然而然形成"(受访者20)。"不愿意,这个阶段我更愿意帮他报一个画画班"(受访者01)。"财商教育平时跟他强调一下,告诉他怎么用钱、省钱就可以了,没必要专门进行"(受访者01)。

综上可知,粤北家长对幼儿财商教育认识不足,对幼儿财商教育接受能力存在误判,对家庭财商教育缺乏自觉,导致幼儿家庭财商教育主动性丧失。

(二)方法随意:家庭财商教育缺少计划性

访谈发现,尽管很多家长对财商教育不了解,但当笔者对财商教育进行解释后,较多家长表示自己正在开展家庭财商教育。调查数据显示,有38%的家长"正在开展"家庭财商教育,有35%的家长表示想过对幼儿进行财商教育,但不知道怎么教。"不太了解,但我有时候会让他独立购物,这应该算吧"(受访者01)。"我不知道财商是什么意思,但是说到钱,我会告诉他不要乱花钱,正确使用钱"(受访者03)。部分家长表示不知道家庭财商教育如何开展。"对财商教育其实理解也不太深入,知道'财商教育'这个词,但是谈到要开展,自己也不清楚具体要怎么开展这个教育,毕竟自己从小也没有受过财商这样的教育"(受访者08)。

幼儿家庭财商教育实施以"生活化"方式为主。数据显示,正在开展财商教育的家长所使用的方法所占比例如下:有意识地让孩子尝试独立购物,有14人,占13.08%;让孩子参与家庭经营决策,有12人,占11.21%;给予零花钱使用规划的指导,有10人,占9.34%。较少使用的方法是:用压岁钱开设银行账户和买理财产品,有3人,占2.8%;带孩子学习股票等金融知识,有1人,占0.9%;带孩子阅读相关的财商教育书籍,有1人,占0.9%。从家长使用较多的方法看,粤北幼儿家庭财商教育方法以与家庭生活紧密相关的"生活化"教育方式为主,很少涉及以理财知识和理财产品为主的"专业化"教育方式。

由于粤北幼儿家庭财商教育主要采取的是与家庭生活紧密相关的"生活化"教育方式,很少涉及理财知识和理财产品等专业知识,而家庭日常生活计划性较差,随机性强,致使幼儿家庭财商教育缺少教育活动应有的目的性与计划性。访谈发现,正在开展财商教育的家长极少对幼儿财商教育进行过系统的规划与设计,财商教育方法贴近生活,很随意。"不会设计,在生活中会时不时地告诉他要学会省钱"(受访者12)。"我不会想着去计划,但逛超市的时候可以看到爸爸妈妈结账,他就知道要用钱才能买到要买的东西"(受访者20)。

综合可知,粤北幼儿家庭财商教育主要采用与家庭生活紧密相关的"生活化"教育方式,教育方法随意性大,缺少计划性。

(三)机会缺乏:幼儿理财能力发展缺少渠道

幼儿接触钱的机会少。调查数据显示,77%的家长在6岁以后才给孩子零花钱,只有23%的家长在6岁以前会给孩子零花钱。可见,很多孩子在3~6岁期间,接触钱的机会很少。访谈调查得知,家长不愿给幼儿零花钱的主要原因在于,他们认为在3~6岁这个年龄阶段给幼儿提供零花钱是不必要的。"目前还没开始给他零花钱。我觉得初中才能给零花钱,现在都是我们接送的,需要买什么都是我们直接买,不需要给零花钱。初中因为要在学校住宿,每个星期还是要给零花钱作为生活费"(受访者10)。

家长存在挪用压岁钱的行为。调查数据显示,47%的家长会用孩子的压岁钱开设银行账号和买理财产品,37%的家长让孩子自己处理压岁钱,但仍有16%的家长会将幼儿压岁钱作为家庭开支。"他现在上中班,压岁钱都是用在家里面的,比如家里的日常开支还有购置物品"(受访者16)。"大部分用作家庭开支了,剩下的就给他存起来了"(受访者18)。家长把幼儿的压岁钱用作家庭开支,实际上减少了幼儿直接接触金钱的机会。

幼儿缺乏自行支配零花钱的机会。家长认为幼儿没有能力独立使用零花钱,或者会胡乱使用零花钱,凡是涉及钱的事情都亲力亲为,幼儿的实际参与感弱,缺乏独立管理、支配钱的机会和途径,无法让幼儿直观形象地认识金钱及其来源。"不会跟他商量,一般都是两夫妻决定的。他还什么都不懂,他估计对于买什么没什么意见,爸爸妈妈买到什么就是什么,而且问他也没什么意义"(受访者09)。有家长怕幼儿乱花钱,就控制幼儿的零花钱。"平时会告诉他要省着点花钱,但是不确定他能不能做到。如果想让他省着点花我会直接控制他可以支配的钱,不会专门进行相关的教育。不是我不教,是这孩儿比较馋嘴,就怕他零花钱多了买垃圾食品吃坏肚子"(受访者10)。尽管家长的担心不无道理,但也由此造成了幼儿家庭财商教育机会的丧失。

幼儿参与家庭财务决策的机会少。在问及是否愿意让幼儿参与重大家庭财务决策的时候,有较多受访者表示不愿意或不会刻意要求幼儿参与。"家庭财务决策是大人的事情,家庭财务决策一般是买车、买冰箱之类的,这些算是大额消费了,他还小,跟不跟他说都无所谓"(受访者03)。"这个问题不能说愿意还是不愿意,我态度是中立的。不会要求他参与,也不会说不让他参与,有时候刚好在说家庭日常开支就会顺便让他了解一下"(受访者11)。可见,幼儿在家庭财务决策方面参与的机会很少。

综上可知,幼儿接触钱、自行支配零花钱、参与家庭财务决策的机会很少,导致幼儿缺乏发展理财能力的渠道,因而也无法真正发展出理财能力。

(四)联动不够:财商教育协作机制未建立

大部分家长赞同政府、家庭、幼儿园和社会协力推行幼儿家庭财商教育。数据显示,3%的家长认为"财商教育责任主体是学校,家长不需要管",15%的家长认为"靠孩子自己",16%的家长认为"家庭管财商教育,学校管学习",66%的家长认为"家、园、社协作"。可见,大部分家长意识到幼儿家庭财商教育需要政府、家庭、幼儿园、社会多方面合作,仅靠家庭单方面力量不足以做好幼儿财商教育。

调查中发现,也有部分家长认为财商教育是家庭的事,并不主张幼儿园开展财商教育。"幼儿园的教育本该是怎么样就怎么样。我认为对幼儿的财商教育只需要在家庭里面我们给他进行就好了。幼儿园能管好幼儿的学习就好了"(受访者34)。"关于财商,无非就是要告诉幼儿不要乱花钱,把钱用到需要的地方,这些知识完全可以由家长给幼儿讲"(受访者27)。甚至一些家长把财商教育视为幼儿自己可以解决的事。"财商教育主要靠幼儿自己,看幼儿自己的自制力"(受访者02)。

有的家长对幼儿园协同开展财商教育态度消极。"没有想过(对他进行财商教育),我不会对他进行也不知道怎么进行,学校可以在教育的时候提及,需要家长配合的时候我们也会全力配合"(受访者21)。"如果幼儿园有安排开展,那孩子就会去学"(受访者04)。"作为家长不会去要求幼儿园开展这个教育,但是如果有开展也可以接受"(受访者07)。家长对幼儿园协同开展财商教育态度消极,造成幼儿园和家庭在幼儿财商教育中联动不足。"幼儿园很少与家长沟通财商教育,家长也不会主动联系幼儿园"(受访者38)。

综上可知,粤北幼儿家庭财商教育联动不够,政府、家庭、幼儿园、社会协作机制尚未建立。

三、粤北幼儿家庭财商教育问题挖掘

问题挖掘的关键是探求出现问题背后的原因。粤北幼儿家庭财商教育出现问题的原因主要如下。

(一)政策缺失:幼儿家庭财商教育缺乏相应的教育政策引导

与发达国家幼儿财商教育相比,我国财商教育发展较慢,财商教育相关政策制定出台也较滞后。为促进财商教育发展,美国教育政策委员会早在1994年就发布了3~13岁财商教育行动目标。美国联邦和州政府都出台了相关法案,如

1997年联邦政府制定了《储蓄对每个人都很重要》，2003年堪萨斯州制定了《个人理财教育的发展与执行》等。我国财商教育面临的问题是，实践走在前面，政策滞后于实践。2015年9月，广州市36所中小学在国内首次试点开设金融理财地方课程，意味着财商教育正式进入学校课堂；2016年5月，清华大学首次发布了《中国青年财商认知与行为调查报告》；2016年6月，全国建立了第一批财商教育实践基地；2018年1月，中国教育科学研究院、中国教育科学研究院高等教育研究所、中国财经素养教育协同创新中心联合发布了包含幼儿园到大学阶段的《中国财经素养教育标准框架》。这些实践探索与研究报告为我国财商教育政策出台奠定了基础。但是国家或地方政府至今尚未出台关于财商教育的相关政策，致使幼儿家庭财商教育也缺乏相应的教育政策引导。

（二）观念陈旧：幼儿家庭财商教育缺乏先进家教思想引领

粤北幼儿家长家教观念普遍较为传统守旧。部分家长秉持"谈钱伤感情""谈钱太世俗""谈钱太市侩"的观念，对财商教育有所忌讳，不愿让幼儿过早接触钱，也不愿表达自己对钱的看法，更别说对幼儿进行财商教育。"不能经常把钱挂在嘴边，会显得小孩很市侩"（受访者25）。其实父母对金钱的态度越健康，幼儿就越能拥有一种健康的家庭财商教育氛围。部分家长不了解幼儿身心发展规律，对幼儿财商教育接受能力存在误判，否认幼儿可以接受财商教育。部分家长持有"学科知识重于财商知识""自己未接受过财商教育也没什么问题"等观点，开展家庭财商教育的意愿低。还有家长担忧家庭财商教育会挤占幼儿休息时间。"孩子在学校学习已经很累了，就不要给他另外灌输这么多东西了"（受访者27）。访谈发现，部分家长在幼儿要钱时就会给，不和幼儿沟通家庭财务，很少教导幼儿"以劳动换取酬劳"，很少指导幼儿做财务规划，导致幼儿理财观念、理财能力得不到培养。粤北幼儿家长普遍缺乏先进家教思想引领，致使幼儿家庭财商教育处境尴尬，影响了幼儿家庭财商教育的深入进行。

（三）协同乏力：幼儿家庭财商教育缺乏专业幼教机构助推

幼儿园是幼儿财商教育的重要主体。由于幼儿园属于幼儿教育和培养的专业机构，幼儿园教师受过专业的幼儿教育知识与技能的培养培训，在幼儿财商教育目标设计、计划安排、活动设计、课程开发等方面具有专业的优势。然而，调查发现，粤北幼儿园很少开展幼儿财商教育，只有少数幼儿园会零星开展一些与金钱、交易有关的活动。"我们并没有把理财知识作为幼儿必须要学的内容，但也会组织幼儿认识钱，布置作业要家长陪同幼儿购物，并把幼儿购物过程、付钱过程拍成视频，发到班级群里"（受访者39）。幼儿园并没有主动承担其协同幼儿家庭开展财商教育的职责。"我们建立了家长委员会,也会例行活动,但是并没有主动组织家长讨论幼儿家庭财商教育的事,也没有协同家长开展财商教育"(受访者37)。"目前没有,但是下学期可以考虑,毕竟这是对幼儿成长有意义的事情"(受访者40)。作为专业机构的幼儿园很少开展财商教育,也没有协同幼儿家长实施家庭财商教育,导致粤北幼儿家庭财商教育缺乏专业幼教机构的助推,其效果并不理想。

(四)社会抑制:幼儿家庭财商教育缺乏友好社会氛围支持

社会氛围即一定社会中通过社会成员的言行、习惯和人际关系等交互作用而形成的社会气氛与情调。社会氛围客观地存在于特定社会中,深刻地影响着生活在其中的每一个家庭、每一个人。财商教育是与产业、商业、金融业等密切相关的教育活动,但粤北产业、商业和金融业不发达,居民收入和储蓄水平不高,文化教育质量相对落后,社会整体相对静态,经济社会发展偏缓,社会人员流动偏弱,对人才吸引力不强,先进技术与思想传入速度较慢,容易对幼儿财商教育产生排斥。加之,粤北有关行业或组织对家庭财商教育对地方经济社会发展的价值缺乏深刻认识,缺乏参与和开展幼儿家庭财商教育的自觉性,缺少形成联动机制支持幼儿家庭财商教育的宣传和动员;社会成员普遍不了解财商教育,缺乏参与幼儿家庭财商教育的积极性,也不知道怎样形成协同机制,协同推进幼儿家庭开展财商教育。粤北幼儿家庭财商教育缺乏财商教育友好社会氛围的支持,致使其发展受到某种程度的抑制。

四、粤北幼儿家庭财商教育问题解决

问题管理的核心是问题解决。尽管家庭是幼儿财商教育的主要阵地,但幼儿家庭财商教育事实上离不开政府、家庭、幼儿园、社会等共同努力。因此,解决粤北幼儿家庭财商教育问题,需要走"家庭为主,多方发力"的协同道路。

(一)政府引导:以有效家教政策引导幼儿家庭财商教育

与世界发达国家相比,我国幼儿财商教育政策相对落后。早在20世纪60年代,财商教育就被美国纳入国家教育体系;2000年英国开始将其正式纳入教育体系;2005年澳大利亚将其覆盖幼儿园到十年级(常星星,2017)。美国还制定了每个年龄段儿童财商教育目标,即3岁能够辨认硬币和纸币;4岁知道每枚硬币是多少美分,认识到无法把商品买光,因此必须做出选择;5岁知道硬币的等价物,知道钱是怎么来的;6岁能够找数目不大的钱,能够数大量硬币等(卢勤,2011)。在美国,不仅幼儿家长、幼儿园乐于开展家庭财商教育,社会组织也乐于通过举办各种财商教育活动让幼儿和家长参与其中。与之形成反差的是,我国粤北大部分家长没有听过财商教育,没有开展幼儿家庭财商教育;大部分幼儿园缺乏开展财商教育的自觉性,没有开展财商教育,也没有协同家长开展幼儿家庭财商教育;其他社会组织对财商教育更是漠不关心。因此,政府要加快幼儿财商教育顶层设计,将幼儿财商教育内容纳入儿童教育体系规划,推动幼儿园实施财商教育;要以政策形式加强幼儿家庭财商教育,通过政策的全面部署和明确要求,建立健全完整的幼儿家庭财商教育体系;要明确幼儿家庭财商教育的目的、功能、内容、方式、方法、基本原则、基本要求等,引导家长科学合理实施幼儿家庭财商教育,以有效家教政策引导幼儿家庭财商教育科学发展、跨越发展。

(二)家庭主导:以先进家教理念引领幼儿家庭财商教育

家庭在幼儿财商教育中处于主导地位,发挥着至关重要的作用。因此,幼儿家长,尤其是幼儿父母要承担幼儿财商教育的主体责任。其一,转变家庭教育观念。幼儿家长要积极认识财商教育,了解财商教育的价值和重要性;应摒弃传统教育思想,转变自身对财商的看法,以积极态度认识财商教育,了解什么是财商,为什么要对幼儿进行财商教育,以及如何对幼儿实施家庭财商教育。为此,家长要加强家庭教育和财商教育知识学习,建立科学正确的家庭教育观和财商教育观。其二,创设财商教育活动。家庭财商教育的有效做法之一就是创设财商教育活动,为幼儿提供充分接触金钱的机会,提供发展其理财能力的渠道。家长可以鼓励幼儿自主支配零花钱和压岁钱,引导幼儿自己进行理财决策;可以创造机会让幼儿接触金钱、财务、理财产品,促使其独立管理、支配钱财;可以鼓励幼儿以共同决策者的身份参与家庭经营决策讨论,而不是让其以旁观者的身份见证父母的决策;可以带幼儿到超市购物,并允许其进行独立的选货、支付、购物。其三,强化财商教育计划。家长要对自己可利用的财商教育资源进行计划,有目的、有步骤地实施家庭幼儿财商教育,加强家庭财商教育的计划性。如家长引导幼儿阅读财商启蒙教育绘本或书籍,第一年可读《小狗钱钱》,第二年可读《穷宝贝,富宝贝》,第三年可读《犹太人的赚钱智慧》等,让其懂得一些基本的理财知识和智慧。家长还可与幼儿商量劳动报酬清单,3~4岁完成个人生活劳动,如刷牙、整理床铺等,5~7岁参与家庭公共劳动,如倒垃圾、洗碗筷等,可以取得一定报酬。其四,有效利用教育方法。幼儿家长要将与家庭生活紧密相关的"生活化"教育方式与涉及理财知识和理财产品的"专业化"教育方式相结合,可以与幼儿一起商讨其月度零花钱数目,指导幼儿做比较详细的理财规划,这一方面可以培养幼儿良好的理财习惯,另一方面又可以提高幼儿的延迟满足能力;可以通过亲子互动游戏教幼儿认识货币，体验购物结算过程等，融财商教育于日常生活；可以指导幼儿用压岁钱开设银行账户和买理财产品，带领幼儿学习股票等金融知识；可以陪同幼儿阅读相关的财商教育书籍等，巧妙利用各种教育方法，帮助幼儿形成和发展理财观念与能力。

（三）幼教协同：以专业财商教育助推幼儿家庭财商教育

幼儿家庭财商教育固然应该以家庭为主，但是幼儿园作为幼儿教育的专业机构，有责任参与幼儿家庭的财商教育，通过家园协同为其提供专业支持。其一，幼儿园开展幼儿财商教育。财商教育是发展幼儿数字概念、计算能力、生活问题处理能力、沟通能力的途径之一。幼儿园要提高对幼儿财商教育的重视程度，将财商教育引入幼儿园教育中；可以根据幼儿园自身的特点，充分发挥幼儿园园内的资源优势，结合园外资源的利用，适当地开展一些财商教育课程，组织一些财商教育活动，强化幼儿家庭财商教育的效果，同时丰富幼儿园教育内容。其二，建立家园幼儿财商教育协同机制。围绕幼儿家庭财商教育问题，幼儿园和幼儿家庭要保持沟通，建立幼儿财商教育沟通协同机制。幼儿家长要定期向幼儿园汇报家庭财商教育情况和所碰到的问题，幼儿园要向家长提供幼儿家庭财商教育指导建议，开放适合幼儿家庭财商教育的参考资料，举办幼儿家庭财商教育专题学习会议或主题经验交流会议，为家长开展幼儿家庭财商教育提供专业支持。其三，家园协同开展幼儿财商教育活动。幼儿园与幼儿家庭可以协同开发幼儿财商教育项目，推出多样化的适合不同年龄阶段的幼儿财商教育项目，组织有财商知识的幼儿园教师、有实战经验的幼儿家长，向幼儿讲授财商价值、财商知识、理财故事与理财经验，家园协同培养幼儿正确的金钱观、消费观、财务观、理财观等，奠定幼儿财商发展的基础。幼儿园与幼儿家庭可以协同开展幼儿财商教育活动，如举办"跳蚤市场"活动，让幼儿把家庭闲置或多余的小物件、小礼品、画册、工艺品、农产品等，带到学校摆摊出售，引导幼儿体验交易过程，树立正确的金钱意识，培养良好的消费习惯，学习处理交易过程中的实际问题。

（四）社会支持：以友好氛围提振幼儿家庭财商教育

社会氛围会深刻影响生活在其中的家庭和个人，幼儿家庭财商教育离不开友好社会氛围的支持，离不开有关社会组织的主动作为。其一，新闻媒体进行舆论引导。新闻媒体要在舆论上对幼儿家庭财商教育进行支持，要为社会大众树立正确的幼儿财商教育导向，要对财商教育的价值和正确方式进行必要的介绍，引导社会公众和幼儿家庭积极开展财商教育，社会有关组织积极参与幼儿家庭财商教育。地方电视台可以组织策划有公益性质的家庭亲子理财活动，通过分等级设置奖品、奖金等,鼓励家长和幼儿以家庭为单位,以亲子活动的方式参与财商教育。社会媒体可以制作适合幼儿观看的财商教育系列短视频,如"钱钱的故事""认识货币""我会购物""零花钱规划与使用"等,帮助幼儿认识金钱和基本交易规则、学会管理零花钱。其二,金融组织参与幼儿家庭财商教育。当地银行可以针对幼儿和家长组织家庭理财产品宣传活动,引导家长参与和开展幼儿家庭财商教育,让其购买适合自身的理财产品;可以策划组织"银行体验2小时"亲子活动,通过给幼儿讲授不同面值货币知识,举办真假币识别游戏,组织点钞竞赛活动,到柜台体验存钱和取钱,使用银行自助设备取款、存款,讲授不同理财产品的特点、风险与收益等,让幼儿对金钱的意义、使用和管理有直观体验。地方金融协会组织可以举办幼儿家庭财商教育工作坊活动,为社会民众了解幼儿家庭财商教育提供免费的咨询服务和专业支持。其三,高校主动介入幼儿家庭财商教育。粤北高校要履行社会服务职能,通过举办幼儿家庭教育财商教育培训公益活动,开发研究幼儿家庭理财教育项目,发动幼教、金融相关专业的师生走出校园、走进社区宣传幼儿家庭财商教育,讲授幼儿财商教育与理财知识,引导社会民众重视幼儿家庭财商教育,科学合理开展幼儿家庭财商教育,为营造幼儿家庭财商教育友好社会环境贡献出一份力量。

第三章　粤北农村小学美育的问题及改进[①]

2019年6月23日印发的《中共中央　国务院关于深化教育教学改革全面提高义务教育质量的意见》（以下简称《深化教改意见》）中提出，坚持"五育"并举，构建德智体美劳全面培养的教育体系。2020年1月，教育部部长陈宝生在2020年全国教育工作会议上强调，要划出美育硬杠杠，在改条件、改教学、改评价上面攻坚，把学校美育工作纳入督导评估与考核体系。2020年10月，中共中央办公厅、国务院办公厅印发《关于全面加强和改进新时代学校美育工作的意见》（以下简称《美育工作意见》），对学校美育工作进行了新部署和再设计，强调各级各类学校都要把美育纳入人才培养全过程，贯穿到学校教育各学段。随着美育在国家层面得到重视，小学美育的重要性开始凸显。2021年1月，教育部部长陈宝生在2021年全国教育工作会议上强调，要加快补齐农村教育发展短板。国家的重视使农村学校美育成为研究焦点之一。事实上，国内学者对农村学校美育关注较早，已经出现了若干文章，如吴春薇（2015）以美育为视角对乡村中小学音乐教育的探讨，王鹏（2016）对增强小学美育实效性的分析，陈晓清（2017）对农村中小学美育课程资源开发利用的研究，王文君（2019）对乡村美育教师队伍建设实践策略的探讨等。本章对粤北农村小学美育实施现状、问题及改进对策进行探讨，以期有助于粤北基础教育高质量发展。

一、研究设计

（一）概念界定

美育可以专指"艺术教育"，一般是指教师通过引导学生认识美、感受美、欣赏美和创造美，提高学生美感的教育活动。

（二）研究方法

（1）问卷调查法。主要调查工具为调查问卷。调查问卷中的问题涉及理解认识、组织开展、课程实施、教师队伍、设施设备5个维度。其中，理解认识主要

[①] 温美婷、蔡秋萍、李沅璘、周锦虹4位同学参与了本章的调研和初稿撰写，特此感谢。

考察对美育概念的理解、对美育地位的认识、对美育认识的程度等情况;组织开展主要考察美育组织形式、美育课程开设、美育课外活动等情况;课程实施主要考察美育课程实施中课时的占用、方式等情况;教师队伍主要考察美育专业教师、教师队伍美育素养等情况;设施设备主要考察美育硬件条件等情况。问卷由单选题、多选题和开放性问题构成。为使题项设计合理、内容清晰、易于理解,调查问卷在发放前组织试测,根据试测情况对问卷内容、文字表述等进行了必要的修改。采用SPSS20.0对问卷可靠性、稳定性、内部一致性进行分析检验,发现问卷各维度相关系数为0.569,呈中低度相关,说明问卷各维度间具有一定的独立性;问卷信度系数为0.727,说明问卷内部一致性良好且达到施测要求。调查样本为粤北10个农村小学。问卷调查面向样本学校教师,在线发放问卷300份,回收有效问卷288份,有效回收率96%。其中,仁化县回收21份,占7.29%;乐昌市回收21份,占7.29%;翁源县回收21份,占7.29%;南雄市回收91份,占31.6%;新丰县回收20份,占6.94%;乳源县回收23份,占7.99%;始兴县回收21份,占7.29%;曲江区回收21份,占7.29%;武江区回收29份,占10.07%;浈江区回收20份,占6.95%。

(2)访谈调查法。访谈农村小学校长10人,访谈农村小学教师4名,实地调查农村小学3所。

二、粤北农村小学美育的现状

(一)美育理解认识

1.大部分教师对美育内涵理解较全面

在回答"您倾向于认同哪一种对美育的理解"时,84.38%的教师选择"美育即通过培养人们认识美、体验美、感受美、欣赏美和创造美的能力,使我们具有美的理想、美的情操、美的品格和美的素养",11.81%的教师选择"美育是指将美学原则渗透于各科教学后形成的教育",2.42%的教师选择"美育专指艺术教育",1.39%的教师选择"美育专指理想教育"。这表明,粤北农村小学大部分教师对美育内涵的理解较全面,只有较少教师会把美育视为美学原则的渗透,或把美育简单看成艺术教育,或把美育视为理想教育。

2.大部分教师对美育地位认识较准确

美育在学校教育事业中居于什么地位,是了解小学美育状况需要了解和掌握的一个基本问题。在回答"您认为当前美育在学校教育中的地位如何"时,91.67%的教师选择"德智体美劳五育并举",7.29%的教师选择"美育从属于他育",1.04%的教师选择"美育是五育之首"。从统计结果看,有九成以上教师的回答符合国家对美育地位的定位,这表明,粤北农村小学大部分教师对美育地位的认识比较准确。

3. 大部分教师知道美育但缺乏深入了解

在回答"您知道美育吗"时,69.79%的教师选择"知道",26.74%的教师选择"听过",3.47%的教师选择"从未听过"。从统计结果看,有近七成的教师知道美育,近三成的教师听过美育,少数教师从未听过美育。那么,知道美育的教师对美育到底知道多少？访谈中不少受访者表示,培养德智体美劳全面发展的社会主义建设者和接班人提了很久了,大部分教师肯定是知道美育的,但是除了音乐、美术教师外,很少有教师深入了解过。由此可知,粤北农村小学大部分教师知道美育,但是对美育普遍缺乏深入了解。

总体看,粤北农村小学大部分教师对美育内涵理解较全面,对美育地位认识较准确,大部分教师知道美育,但对美育缺乏深入了解。这说明,粤北农村小学探讨美育、研究美育、探索美育的氛围还没有形成,反映出学校推动美育实施和深入发展的内生动力还不强。

(二)美育组织开展

1. 艺术类教学和文艺活动是主要形式

在回答"您所在学校开展美育的组织形式是_____"时(多选题),93.40%的教师选择"美术、音乐、绘画、舞蹈等艺术类教学",60.42%的教师选择"文化艺术节等文艺活动",40.28%的教师选择"自然科学、社会人文类教学",29.86%的教师选择"社会实践活动",1.39%的教师选择"其他"。由此可知,粤北农村小学美育的组织形式首先是美术、音乐、绘画、舞蹈等艺术类教学,其次是文化艺术节等文艺活动,再次是自然科学、社会人文类教学,最后是社会实践活动。这表明,粤北农村小学美育的组织形式比较多样,其中艺术类教学和文艺活动是美育主要组织形式。

2. 组织美育活动(含教学)频次偏低

在回答"您所在班级组织美育活动(含教学)的频率为多少"时,6.60%的教师选择"每周4~5次",47.22%的教师选择"每周2~3次",32.99%的教师选择"每周1次",11.80%的教师选择"每两周1次",1.39%的教师选择"其他"。由此可知,粤北农村小学组织美育活动(含教学)频次偏低,每周能够组织美育活动(含教学)达4次以上的班级很少,绝大部分在1~3次之间。这说明,粤北农村小学组织美育活动(含教学)频次普遍偏低,未能开足开齐美育课程。

3.美育课外兴趣小组或艺术社团多元

在回答"您所在学校有哪些美育课外兴趣小组或艺术类社团"时(多选题),66.67%的教师选择"美术",66.67%的教师选择"书法",65.63%的教师选择"合唱",65.63%的教师选择"舞蹈",46.88%的教师选择"手工",21.88%的教师选择"诗歌",21.53%的教师选择"戏剧",14.58%的教师选择"武术",2.78%的教师选择"没有"。由此可知,粤北农村小学美育课外兴趣小组或艺术社团类型较多元,以美术、书法、合唱、舞蹈为主,手工相对较少,诗歌、戏剧、武术更少。

总体看,粤北农村小学美育组织形式较多样,美育课外兴趣小组或艺术类社团较多元,但是组织美育活动(含教学)频次普遍偏低。这说明,粤北农村小学普遍未能开足开齐美育课程,反映出其尚未建立起比较完整的美育课程体系。

(三)美育课程实施

1.学校关注美育课程实施但课时占用较严重

在回答"您所在学校对美育课程实施的关注程度如何"时,40.77%的教师选择"非常关注",49.23%的教师选择"比较关注",6.92%的教师选择"比较不关注",3.08%的教师选择"不关注"。这表明,随着国家对美育的重视,粤北农村小学绝大部分教师比较关注美育课程实施。在回答"您所在学校出现文化课程占用美育课程的情况如何"时,14.24%的教师选择"非常常见",30.90%的教师选择"比较常见",36.46%的教师选择"偶尔出现",18.40%的教师选择"从未出现"。由此可知,粤北农村小学美育课程实施中课时占用问题较严重。这一问题的出现与学校感受到的来自家长高度重视文化课的压力相关。有受访者指出,粤北农村地区比较落后,家长没有太多钱去培养孩子音乐、美术方面的才能或其他方面的兴趣,对美育并不看重。另有受访者表示,粤北农村地区家长自身文化水平并不高,认为孩子在学校的任务就是要把文化课学好,其他方面在他们看来是无用的。

2.教师认同美育贯穿学科教学但大部分做不到

在回答"您认为美育有必要贯穿到各学科课堂教学中吗"时,56.25%的教师选择"非常有必要",43.40%的教师选择"有必要",0.35%的教师选择"没有必要"。这表明粤北农村小学教师普遍认同将美育贯穿于各学科课程教学过程中。在回答"您在课堂中会用美感教学的手段吗"时,39.93%的教师选择"经常使用",56.94%的教师选择"偶尔使用",3.13%的教师选择"不使用"。可见,粤北农村小学约六成教师在课堂中并不经常使用美感教学手段。在回答"您对教学内容中所蕴含的美会进行分析吗"时,21.53%的教师选择"总是",36.81%的教师选择"经常",38.19%的教师选择"偶尔",3.47%的教师选择"不会"。这表明,有超过四成的教师并不经常对教学内容中所蕴含的美进行分析。

综合分析可以发现,粤北农村小学美育课程实施中存在着悖论:一方面,学校在国家美育硬性要求和家长倚重文化课压力下态度与行动之间出现了撕裂;另一方面,教师在美育课程实施的认知到位与实践能力不足之间出现了裂痕。这说明,粤北农村小学美育课程实施能力偏弱,与国家美育要求之间存在较大差距。

(四)美育教师队伍

粤北美育教师队伍总体在发展壮大。2019年,中小学音乐、美术教师缺额分别下降到了26.91%、32.56%。在回答"贵校有专业的美术、音乐教师吗"时,85.07%的教师选择"有",14.93%的教师选择"没有"。尽管绝大多数粤北农村小学有专业的美术、音乐教师,但是数量不多,无法满足学校美育的需要。访谈中各校长反映得最多的问题,就是学校专业的美育教师数量不足。值得注意的是,还有一部分小学甚至没有专业的美术、音乐教师。这说明,粤北农村小学普遍缺少专业美育教师。调查还发现,粤北农村小学美育师资队伍素质堪忧。访谈中有教师表示,由于美育教师数量上得不到满足,便出现了由其他学科教师兼任的状况,而大部分教师在任教前缺乏专业性的美育培训,任教后又很少有机会去学习提升,造成美育师资队伍素质普遍较低的状况。

总体来看,粤北农村小学普遍缺少专业的美育教师,美育师资数量不足、素质堪忧,反映出粤北农村小学美育教师队伍短板明显,已经成为美育发展的根本制约因素。

(五)美育设施设备

美育设施如音乐电教室、美术画室、舞蹈室等,美育设备如钢琴、古筝等,是学校实施美育的必要物质条件。近几年来,随着政府对教育事业的扶持力度加大,粤北农村小学办学设施设备在不断更新、丰富。在回答"您认为学校开展美育教学的硬件条件(如钢琴、古筝等器材或音乐电教室、美术画室等)如何"时,15.28%的教师选择"非常丰富",52.78%的教师选择"基本够用",24.65%的教师选择"一般",7.29%的教师选择"较为缺乏"。这表明,大部分粤北农村小学美育设施设备基本够用,能够保证正常的美育需求。

当然,还有一小部分小学缺乏必要的美育设施设备。访谈南雄市某小学一位音乐教师时,他表示,学校只有一台钢琴,除此之外没有其他设备。在对浈江区某小学进行实地调查时发现,该小学只有一间舞蹈室,舞蹈室里只有一台电子琴。在对武江区某农村小学实地调查时发现,该小学除了"露天广场",美育设施设备几无可见。对于部分小学缺乏美育设施设备的现象,有受访校长指出,政府虽然对粤北农村小学的补贴力度在增大,但这些补贴主要用于文化课教学,对美育所需的硬件设施和设备投入很少。尽管缺乏美育设施设备的只是一小部分小学,但这也反映出粤北农村小学美育设施设备存在欠账。

三、粤北农村小学美育的问题

(一)美育"外"化,内生动力不强

内生动力是由学校内部生发出来的力量,是学校主动探索与实施美育的根本驱动机制。粤北农村小学普遍是在国家政策驱动下开始重视和实施美育的。这种在外部压力之下形成的驱动机制,并不能替代学校内部生发的动力。粤北农村小学普遍美育内生动力不强,学校缺乏推进美育的自觉性,缺乏探索和研讨美育的氛围,领导被动部署美育,教师被动实施美育,学生被动接受美育,很大程度上压制了美育应有的生命力和创造力。

(二)美育"碎"化,课程未成体系

美育课程体系是学校美育实施的根本保证。从区域整体看,粤北农村小学美育组织形式比较多样,艺术类教学、文艺活动、自然科学、社会人文类教学,社会实践活动等都有不同程度涉及;美育课外兴趣小组或社团类型比较多元,美术、书法、合唱、舞蹈、手工、武术、戏剧、诗歌等都有不同程度的涵盖。但就学校个体来看,美育课程中常见的只有音乐、美术,普遍没有形成较为完整的美育课程体系,导致未能开足开齐美育课程,美育活动(含教学)频次偏低。

(三)美育"弱"化,课程能力偏弱

美育课程实施能力是学校美育顺利实施的基础,课时安排是美育课程实施的基本保障。粤北农村小学美育课时占用情况较为突出,说明学校美育课程实施能力偏弱。美育实施的重要渠道之一,就是将美育贯穿到各学科课堂教学中。但是,粤北农村小学有超过四成教师不经常对教学内容所蕴含的美进行分析,有约六成教师在课堂中不经常使用美感教学手段,反映出粤北农村小学教师美育课程实施能力偏弱。

(四)美育"异"化,教师短板明显

粤北农村小学普遍缺少专业的美育教师,一部分小学甚至没有专业的美育教师。在专业的美育教师数量得不到满足的情况下,便出现了其他学科教师兼任美育课程教学的状况。而大部分教师在任教前缺乏专业的美育培训,任教后很少有机会去学习提升,直接造成粤北农村小学美育教师队伍美育素养偏低的困境。美育"异"化,教师短板明显,在根本上制约了美育的实施与深入发展。

（五）美育"虚"化,与教学相游离

粤北农村小学美育实施中存在的一个突出问题是,美育"虚"化,美育与日常教学相游离。其一,美育没有很好地落实到课堂教学中。许多校长和教师的观念还没有完全转变,认为美育的重要性次于语、数、英等文化课教学,应该先保证文化课教学任务的完成,再考虑实施美育,因此大多农村小学经常出现文化课程占用美育课程的情况。多半受访的教师表示占用过美育课时。美育不能很好地落实到课堂教学中,还体现为不少粤北农村小学由于缺少相关专业教师,美育课无法开齐开足。浈江区某农村小学,因缺音乐教师,学生有近一学期未上音乐课。其二,美育没有较好地渗透到学科教学中。《美育工作意见》强调要将美育渗透在各个学科中。但是事实上,粤北农村小学由于教师缺乏挖掘学科教学中美育素材的意识,缺失运用美育相关教学方法开展学科教学的能力,缺少将美育渗透到学科教学应有的培训和训练,往往难以将美育渗透到学科教学中。通过对不同学科教学教师的访谈发现,语文课多注重培养学生的语言能力,对于诗句美、语言美、情感美等关注少;数学课多重视学生计算与运用能力培养,较少关注逻辑美、符号美、思维美。无法将美育渗透在学科教学中,在一些年纪较大的教师身上表现得更为突出。访谈中一位校长指出,粤北农村小学有很多年纪较大的教师,相比于年轻教师,他们缺乏美育渗透到教学的意识和能力,一定程度上阻碍了学校美育的发展。

（六）美育"窄"化,将美育等同于音美课

粤北农村小学美育实施中存在的问题之一是美育"窄"化,将美育等同于音乐课和美术课。美育"窄"化造成了粤北农村小学美育的实施途径单一。《美育工作意见》强调,学校美育课程包括音乐、美术、舞蹈、戏剧、书法、戏曲、影视等课程。调查发现,粤北农村小学普遍将美育视为音乐教育、美术教育,将一周2次或一周4次的音乐课、美术课视为美育;很多农村小学课程表中,与美育相关的课程,只有音乐和美术。这也体现在一些校长对美育的理解上。清远市连山县某小学校长表示,美育就是在学习文化课之外,培养学生音乐、美术方面的能力。美育"窄"化造成了粤北农村小学美育与生活相脱离。艺术来源于生活,也需要回归生活。美育只有与日常生活融合,才能焕发其生机与活力。农村生活内容十分丰富,农村小学本可以组织一些与生活紧密结合的美育活动,但美育却被硬生生限制在课堂中,学生无法走出校园,美育无法走进生活,致使美育与学生生活脱节严重,学生对美育也提不起兴趣。美育"窄"化还加剧了教师结构性失衡的问题。粤北农村小学普遍存在较为严重的教师结构性失衡问题,很多农村小学缺乏专业的美育教师,有的甚至没有一位专业的美育教师。美育"窄"化,将美育等同于音乐课和美术课,会让原本就短缺的美育师资雪上加霜,使教师结构性失衡的问题更加凸显。

(七)美育"浅"化,与行为相脱钩

美是主观感受,更是行为能力。美育效果需要落实在行为上,行为美是检验美育成效的重要标尺。所谓行为美,是指在行动过程中所产生的举止、动作的美。它是学生内在美展现与外化的结果。粤北农村小学美育实施中存在的一个突出问题是,美育"浅"化,美育与行为培养脱钩。其原因是学校较多使用说教式美育和听看式美育,将美育浅浮在口头和心头,没有转化到行为上。一次有趣的活动胜过一万次空洞的说教。美育实施中教师虽会不断告诉学生什么是美、怎样认识美、怎样欣赏美,但是并不注重通过活动或活动场景培养学生的行为美。说教式美育让美育效果停留在口头上,压抑了学生主动在行为中展现美的兴趣和欲望,难以真正培养学生行为美的意识与能力。粤北农村小学美育实施中教师也会尽量给学生提供美的素材与资源,但是有关美的素材与资源主要来自录音机、电视、书本和教师口头描述,这样美育就变成了教师引导学生坐在教室里听美、看美。这种方式只能让学生对美的体验和感受停留在感官上,无法润入心灵,也无法落实到行为上。说教式美育和听看式美育实质是一种与行为培养脱钩的美育方式,势必会导致美育难以深入心灵,难以外化为行为美。

(八)美育"僵"化,与他育未融合

粤北农村小学美育实施中存在的另一个突出问题是,美育"僵"化,德智体美劳"五育"中,美育未能融入其他诸育,体现在如下几个方面。一是教育教学中美育未能融入他育。访谈发现,粤北农村小学"五育"融合的观念不强,很少有学校主动推进美育融入其他诸育。只有个别学校提到比较关注美育与体育的融合,在体育课上注重动作的规范美、体态美、线条美;只有个别学校注意到美育可以在德育中渗透,在德育时注意培养学生的语言美、心灵美。大部分学校还没有意识到"五育"融合也是美育实施的重要途径。绝大部分教师亦缺乏"五育"融合的观念,缺乏将美育渗透到学科教学、将美育融合进学科课程的自觉性与主动性。二是评价中美育未能融入他育。"五育"融合尤其是美育融入他育,需要农村小学重构评价制度。访谈始兴县某小学校长时,他表示学生美育评价主要看他对乐理掌握的程度,教师会根据学生平时的学习情况和期末考试成绩情况进行总评,但是并不会考虑美育融入其他教育。阳山县一位校长直白地说,学校对美育评价还没有做过明确的规定,因为学校还是更为看重学生文化课的考试成绩。粤北农村小学美育实施中缺乏"五育"融合尤其是美育融入他育的教学观和评价观,导致美育僵化、刻板,无法借助"五育"融合渠道实施美育。

四、粤北农村小学美育的改进

(一)"内"化美育,培育内生动力

美育是党和国家教育事业不可或缺的组成部分。粤北农村小学领导班子要提高站位,从落实党的教育方针,为党和国家培养全面发展的社会主义建设者和接班人的高度看待美育,以理性认识和责任担当,将党和国家美育的外在要求转化为重视美育的内在动力,提高实施美育的自觉性。要将美育纳入学校教育发展总体规划,做到德智体美劳"五育"并举,将美育与德育、智育等同部署、同安排、同抓、同管;要花心思为美育留足空间,用力气为美育搭建平台,动脑筋为美育筹集资源,唤醒教师实施美育的主体意识,以有效部署和精心安排,激发教师实施美育的内生动力。要完善校内美育研修制度,建立美育教研组,组织教师每周就美育教学或科研方面的问题进行研讨,鼓励教师大胆探索、大胆创新;要完善学生美育考核制度、美育评优评先制度,充分发挥学校教师和学生美育的主动性、积极性与创造性,以制度建设和氛围营造,增强学校师生美育实施的内在动力。

(二)"整"化美育,健全课程体系

粤北农村小学美育要深入发展,就是要建立起完整的美育课程体系。比较完整的美育课程体系当以艺术课程为主体,至少要包含如下课程类型:一是艺术教育类美育课程,如美术、音乐、书法、舞蹈、戏剧、影视等;二是文艺活动类美育课程,如戏曲、歌唱、朗诵、雕刻、剪纸、绘画、摄影、相声、诗词等;三是社会实践类美育课程,如举办音乐会、绘画展,组织班级文艺活动、校园艺术活动、民间艺术活动,开展踏春活动、秋游活动等;四是科学技术类美育课程,如科学美学、媒体艺术、设计美学、建筑美学等;五是人文社科类美育课程,如诗学、文艺学、艺术学、体育美学等。后两类美育课程不一定体现在课表中,可以将其融入相关学科教学中。粤北农村小学无须照单全收上述美育课程,除美术、音乐、书法等常设课程,其他课程可以结合学校与地方实际择取,最终构建一个适合学校实际的比

较完整的美育课程体系。

(三)"硬"化美育,提升实施能力

粤北农村小学要严格落实国家美育相关科目课程标准,如《义务教育音乐课程标准》《义务教育美术课程标准》《义务教育艺术课程标准》等,认真贯彻落实《美育工作意见》《深化教改意见》等文件精神;完善美育课堂管理制度,妥善安排美育课程、美育活动时间,坚决禁止随意占用美育课堂时间或活动时间;完善美育考核制度,将美育课程实施情况纳入教师年度考核中,在年度考核、评优评先时适当照顾美育教师,同时对占用美育课时行为实行一票否决制,最大限度保证美育课时留足用足。要想方设法提高美育贯穿学科课程教学的能力,通过举办教师美育知识竞赛、美育教师课堂比武活动,教师招聘时适当增加美育考察内容,促进教师提高自身美育素养;坚持送出去进修与请进来培训相结合,不断提高美育教师的美育素养;引导教师积极运用美育方法与手段开展课堂教学,主动将美育贯穿于语文、数学、英语等学科教学中。

(四)"正"化美育,强化教师队伍

粤北农村小学美育要获得发展,必须将美育教师队伍建设作为重中之重。培养一支数量充足、结构合理的专业的美育教师队伍,是粤北农村小学提升美育的根本举措,也是美育持续深入发展的长远之计。对此,地方政府、地方高校、小学必须协同发力。地方政府要承担主体责任,积极扩编补充美育教师,有计划地为农村小学配足配齐专业的美育教师;要设立专项补贴,吸引更多专业的美育教师到农村小学任教;要运用义务教育"县管校聘"政策城乡教师交流机制,引导城区美育教师向农村小学合理流动。地方高校要积极介入小学美育,鼓励美术、音乐专业毕业生到农村小学支援或就业,及时为粤北农村小学输送优质师资;要定期不定期举办小学美育师资培训工作,为农村小学美育教师提升美育素养提供专业支持。粤北农村小学要善用当地艺术名人、民间艺人、学有专长的政府部门人员,以及选派知名高校教授、博士等实施美育,力争打造一支专兼结合、数量充足、结构合理的专业的美育教师队伍,为美育实施与深入发展奠定坚实基础。

(五)"实"化美育,落实教学美育

教学美育是指把美育目标、美育内容、美育方法渗透于教学的美育实施策略。教学美育是"实"化美育的重要路径。粤北农村小学"实"化美育,需要校长、教师齐用力落实教学美育,需要将课堂打造成为教学美育小"生境"。首先,校长要成为落实教学美育的领导者。校长作为一所学校的领头羊,其推崇的理念,其所作所为,将影响这所学校教师和学生的发展。粤北相对闭塞落后的文化教育环境,使得大多校长思想比较保守。校长要主动更新教学观念和美育思维,探索教学美育实施新策略,通过教学管理方式创新,引导教师因"地"制宜开发和运用地方美育资源,因"课"制宜挖掘和利用学科中的美育资源,在教学中渗透美育,走粤北农村小学美育发展的特色之路。其次,教师要成为落实教学美育的践行者。教师愿不愿、能不能践行教学美育,对农村小学落实教学美育至关重要。粤北农村小学"实"化美育,需要多方面鼓励和引导教师积极践行教学美育,通过教学美育专业培训、教学美育课题小组立项结项、教学美育课例教学大赛举办、教学美育专题研讨开展等活动,引导教师在教学活动中充分渗透美育,在美育实施中不断改进教学,使教学与美育在实践中实现双向建构、深度融合,将教学美育打造成为引导学生认识美、爱好美和创造美的主要渠道。最后,课堂成为"实"化美育的小"生境"。课堂是学生日常学习与生活的主要场域。粤北农村小学"实"化美育,需要把课堂变成教学美育的小"生境"。例如通过建设读书角、张贴剪贴画、种植花卉、栽种绿色植物等,构建赏心悦目、积极向上的教学美育环境;通过挂字画、书法、思想格言、办黑板报及设计壁画等,创设友好亲善的课堂人文环境;通过在教学中融入轻音乐、诗歌朗诵、名作品读、书画欣赏、影视评析等,让课堂充满美感,让课堂焕发出美的活力,让学生在课堂学习中不知不觉受到美的陶冶。

(六)"宽"化美育,拓宽美育渠道

粤北农村小学要认识到艺术教育落后是农村小学美育的致命缺点,因而不能生搬硬套城市小学学油画、弹钢琴、举办音乐会等"阳春白雪"式美育模式,要走符合自身实际的"下里巴人"式发展道路。化解美育"窄"化问题,粤北农村小学需要对美育的内涵进行必要的拓宽,并基于此拓展美育的渠道。一是赋予美育生活内涵,开展生活美育。粤北农村小学可以通过举办农村人家生活素描、家校联欢文艺晚会、耕读文化艺术展等,打造具有农村生活气息的生活美育。粤北农村多为客家人居住,粤北农村小学可抓住客家风土人情或生活方式做文章,通过举办客家山歌擂台赛、科普客家人口迁徙知识、烹饪客家菜比赛等,赋予美育生活气息,开展别具特色的生活美育。二是赋予美育乡土气息,开展乡土美育。粤北农村小学要积极挖掘乡土美育资源,如地方戏剧、民俗活动、特色饮食、手工艺品等,充实美育内容;主动邀请当地有一技之长的民间艺人、小有成就的艺术爱好者和文艺工作者等进校园讲学,或者进课堂授课,赋予美育乡土气息。例如,乳源县某农村小学在美育实施中,先后邀请县里过山瑶刺绣协会会长进校园教学生瑶族刺绣;邀请粤北民间舞龙艺术团——香火龙团队进校园表演;邀请北伐战争纪念馆讲解员讲述红色历史等,探索开展了饶有趣味的乡土美育。三是赋予美育民族特色,开展民族美育。粤北为多民族聚居地,在这片土地上生活着瑶、壮、畲等少数民族。少数民族独特的民族服饰、民族饮食、民族舞蹈、民族艺术、民族工艺、民族故事、民族节庆、民族建筑等,都是粤北农村小学可以充分挖掘利用的美育资源。粤北农村小学可以将民族特色美育资源作为美育重要内容,通过"美育+民族特色"的美育模式,如将民族舞蹈或民族艺术引进美育课程,将民族饮食或民族故事引进美育课外兴趣小组活动等,探索具有民族特色的美育新途径。

(七)"深"化美育,狠抓行为美育

解决美育"浅"化问题,粤北农村小学需要加大行为美培养力度,狠抓行为美育。一是以各种美育活动促成行为美。活动是养成学生行为美的基础,学生的行为美必须在活动中形成,又借由活动表现出来。粤北农村小学可以通过组织形式多样的美育活动,动手类的如制作客家围楼,调查类的如调查乡村民间艺术、调查民族艺术作品,欣赏类的如聆听粤剧、欣赏民间艺术作品、欣赏经典影视,研学类的如探寻博物馆奥秘、访谈民间艺术家、探究本土民间艺术谱系,竞赛类的如绘画比赛、唱歌比赛、诗歌竞赛、美文朗读比赛、故事竞赛等,让学生在具体的实践活动中感受美、体验美,促进学生的行为举止向美的方向靠拢,以培养学生的行为美。二是以教师言传身教培养行为美。学生行为美的养成离不开教师的言传身教。粤北农村小学可以通过组织教师与学生开展行为美标准的探讨,依靠对话交流为学生树立行为美的标准;通过寓言故事、名人轶事、典故或传奇故事等,对真、善、美的行为进行褒奖,对假、恶、丑的行为进行鞭笞,引导学生在行为中彰显美、发扬美,把对真、善、美的行为的赞赏与认同转化成自己的行为美;通过教师自己的行为美,如坚持阅读、随手捡拾校园垃圾、参与义务劳动、捐款助人、自愿献血、勤俭生活等,以教师自身的行为美感染和推动学生践行行为美。三是以行为规范要求塑造行为美。行为规范既可以培养学生的美德,也可以培养学生的行为美。粤北农村小学可以通过建立健全小学生行为规范,如要求学生不随地吐痰,不说脏话;走路要行端走正、抬头挺胸;讲话时要看着对方眼睛,不能左顾右盼;吃东西前、上完厕所后要洗手;写字时身子要坐直,不能咬铅笔;冒犯别人要说对不起,得到别人帮助要说谢谢等,促使学生在行为举止中感受美、体现美,以塑造学生的行为美。

(八)"活"化美育,推进美育融合

解决美育"僵"化问题,粤北农村小学需要"活"化美育,推进美育融入其他教育。一是将美育融入德育。小学德育旨在培养学生优良的道德品质。粤北农村小学可以利用道德与法治课，通过对榜样人物思想美、心灵美、行为美的故事介绍等，将美育融入德育教学中；可以利用主题班会、团日活动、少先队活动等开展美育小专题，将美育融入德育活动中；可以利用周边环境，如淙淙溪流、诗境田园等，引导学生爱护环境、保护耕田，在培养学生优良道德品质的同时进行美育。二是将美育融入智育。美育可以发展学生的形象思维能力、想象力和创造力。粤北农村小学可以利用智育相关课程与活动进行美育，通过美的学习环境和美的教学情境创设，调动学生的学习兴趣，激发学生的创造性。例如，教师可以带领学生在田间地头去练习计算；教语文课文《我们去踏青》时可以组织学生通过实际踏青活动感受课文中踏青乐趣的描写等。三是将美育融入体育。美育可以增进学生身心健康，具有健身怡情作用。粤北农村小学可以通过"体育＋美育"的模式，在体育教学中融入雕塑欣赏，如通过观看运动员雕塑的身姿、动作、肌肉等，引导和启发学生学习运动员的动作美，从心灵深处感受运动美，体验运动带来的形体美，将美育融入体育教学与锻炼中。四是将美育融入劳动教育。劳动具有深刻的美学意蕴，劳动教育对美育具有很大帮助。农村小学在劳动教育方面具有天然优势，可以通过组织"大手拉小手"师生携手劳动美化学校环境，组织学生参加农村公益劳动美化周边环境，组织学生制作手工艺品、折纸、插花等美化生活环境；通过挖掘劳动过程中美育元素，如用图画、歌词、诗歌等描述劳动场景、表现劳动乐趣，将美育融入劳动教育中。五是构建美育融入他育的评价体系。美育融入他育，借由"五育"融合实施美育，离不开相关评价体系的支持。粤北农村小学要建立健全学生德智体美劳"五育"融合的学生学业综合评价体系，在考察评价学生时，要综合考虑学生五方面的表现，尤其是要给美育足够的分值；要建立健全德智体美劳"五育"融合的教师业绩综合考评体系，在考核教师时，要综合考察教师五方面教书育人的作为和绩效，要在业绩考核时对美育融入他育有所体现。

总之，粤北基础教育高质量发展要重视农村小学美育问题，要加以针对性地改进，为基础教育高质量发展夯实基础。

第四章 粤北农村小学新生入学适应性的问题及改进[①]

粤北基础教育高质量发展离不开学生的高质量发展。提高农村小学新生入学适应性是粤北学生高质量发展的重要一环,也是粤北基础教育高质量发展的重要工作。近年来,社会各界对小学新生入学适应性问题给予了关注。《中国儿童发展纲要(2011—2020)》中指出:"儿童时期是人生发展的关键时期。为儿童提供必要的生存、发展、受保护和参与的机会和条件,最大限度地满足儿童的发展需要,发挥儿童潜能,将为儿童一生的发展奠定重要基础。"教育部颁布的有关幼儿教育指导文件也强调,幼儿园教育要与小学教育、家庭教育以及社区教育密切联系,紧密衔接。2018年两会时,有关幼小衔接的问题以及小学新生的入学适应性问题更是成为热点话题。事实上,新生入学适应性问题一直是学界比较关注的议题。田澜等(2005)较早对高中新生入学适应性的焦虑及其缓解进行了研究,随后蔡峻(2007)、王锐丹(2016)对大学新生入学适应性教育进行了探讨,王强(2008)、许建琴(2013)对高职新生入学适应性问题进行了分析,朱丽(2014)、李姝妍(2014)对小学新生入学适应性问题进行了分析,比较而言,针对特定区域小学新生入学适应性研究较不足,这为本研究留下了空间。

一、研究设计

(一)概念界定

1.入学适应性

关于"入学适应性"一词,至今还没有统一的标准解释和定义。Murray(2014)认为入学适应性包括三方面,即人际关系的转变、制度方面的转变、个人方面的转变。李大维等(2013)认为入学适应性涉及学业成绩、社会行为、师生关系和同伴关系四方面。郑日昌(2017)认为,适应性就是心理能力适应,即个体在

[①] 韶关市翁源县实验小学教师温美婷参与了本章初稿撰写,特此感谢。

与周围环境相互作用、与周围人们相互交往的过程中,以一定的行为积极地反作用于周围环境的能力。根据以上不同学者对入学适应性的理解,综合整理可知,小学新生入学适应性指的是小学一年级学生进入校园后分别从学习、环境、社交、心理以及生活这五个方面调整自己的生理和心理,从而更好地适应学校生活的过程。

2. 小学新生

2006 年发布的《中华人民共和国义务教育法》第二章第十一条规定:"凡年满六周岁的儿童,其父母或者其他法定监护人应当送其入学接受并完成义务教育;条件不具备的地区的儿童,可以推迟到七周岁"。"小学新生"是指年龄符合并且进入小学接受义务教育的一年级新生。

(二)理论基础

1. 皮亚杰儿童发展阶段理论

心理学家皮亚杰认为儿童发展具有六方面特点:第一,心理发展过程是连续的;第二,每个阶段有其独特结构;第三,各阶段出现有一定次序;第四,前阶段是后阶段的结构基础;第五,两个阶段非截然划分;第六,新水平的构成。皮亚杰认为,儿童发展的每个阶段都不是孤立的,前一个阶段和后一个阶段是互相联系的,它们之间不是截然划分的,而是逐渐过渡的,六七岁到十一二岁属于小学时期,但事实上,六七岁儿童还带有很多学前儿童的特征。

皮亚杰的儿童发展阶段理论表明,学前教育阶段和小学教育阶段有不同的特点,这就要求我们要根据儿童的特点进行教育。小学一年级新生,处于学前期与学龄期的过渡,在此阶段,儿童要面对与学前教育阶段不同的学习、社交、生活、环境方式,会给小学新生带来较大的心理压力。因此,帮助儿童顺利过渡,对儿童今后的成长有着重大的意义。

2. 哈克幼小衔接断层理论

德国哈克教授根据观察和研究指出,处于幼儿园和小学衔接阶段的儿童通常存在着下列六个方面的断层问题:第一,关系人的断层;第二,学习方式的断层;第三,行为规范的断层;第四,社会结构的断层;第五,期望水平的断层;第六,学习环境的断层。关系人的断层是指孩子进入小学后教师对学生要求较为严格,会让孩子感到压力和负担;学习方式的断层指的是幼儿园的学习方式与小学的学习方式有较大的区别;行为规范和社会结构的断层是指孩子进入小学后感性逐渐被理性和规则所控制;期望水平的断层和学习环境的断层是指孩子进入小学后家长和教师会对孩子给予新的期望和压力。粤北农村小学新生入学适应性的调查,从学习适应、社交适应、环境适应、生活适应、心理适应这五个维度出发,这五个维度与哈克的六个方面的断层相关联,因此,本书以哈克的幼小衔接断层理论作为理论工具来探讨粤北农村小学新生入学适应性问题,为粤北农村小学新生入学适应提供策略。

(三)研究方法

(1)文献研究法。通过对小学新生入学适应性、幼小衔接等方面的有关文献进行搜集和整理,查阅关于小学新生入学适应性方面的书籍,对相关论文进行研究,为接下来的研究奠定理论基础。

(2)问卷调查法。本研究主要是以翁源县龙仙第三小学一年级新生作为调查对象,借鉴李姝妍的《小学新生适应性问题研究》,并结合粤北农村小学的实际,将小学新生入学适应性问题归类为学习适应、社交适应、环境适应、生活适应、心理适应五个维度的内容,编制粤北农村小学新生入学适应性调查问卷。笔者2021年9月开始设计本调查问卷,经过指导教师的帮助,最终在10月初确定问卷,并于10月中旬进行测试,11月正式开始使用,共发放问卷100份,有效回收97份。学生问卷抽取的样本为龙仙第三小学一年级的新生,该校一年级共有8个班,每个班50人左右。采取随机抽样的方式抽取了其中的两个班:一年级(3)班和一年级(2)班。调查对象的基本情况如下:男女生比例方面,一年级新生中男生所占比例为53.62%,女生占46.38%;户口方面,城镇户口的学生占9.28%,农村户口的学生占90.72%;独生子女与非独生子女方面,独生子女占3.09%,非独生子女占96.91%;接受学前教育年限方面,接受三年及以上幼儿教育的学生占64.95%,两年的占27.84%,一年的占6.19%,没有上过幼儿园的占1.02%。

(3)访谈调查法。此次的访谈对象有教师、家长以及学生。对教师的访谈主要是从教师的角度了解学生在一年级入学时的表现,并根据平时的观察和了解,指出学生入学后存在的问题,并吸收教师解决问题所采取的策略,为接下来的研究提供帮助。对家长的访谈主要是了解学生在家庭中的表现以及父母所了解的情况与孩子说的是否一致,进而从家庭教育方面探索一年级新生入学适应性的现状及背后的原因。对学生的访谈主要是了解他们入学的感受和想法,了解学生在入学适应性方面存在的问题。此次研究通过对翁源县龙仙第三小学一年级19位教师、5位家长、18位学生进行面对面的交流和访谈获取资料,访谈时间为2021年11月。表4-1和表4-2为比较有代表性的访谈教师、学生基本情况表。

表 4-1　有代表性的访谈教师基本情况

编号	教龄/年	教过几年一年级/年	是否是班主任
教师 1	9	2	是
教师 2	8	3	是
教师 3	16	3	是
教师 4	28	3	否
教师 5	15	4	是

表 4-2　有代表性的访谈学生基本情况

编号	年龄/岁	性别	学生情况介绍
学生 1	6	男	上课认真、积极,各方面适应好
学生 2	7	男	上课容易搞小动作
学生 3	7	女	听话、乖巧,对待教师有礼貌,各方面适应较好
学生 4	6	男	上课较为积极
学生 5	7	女	不愿意与同学社交

(4)观察研究法。对一年级学生进行了两个多月的学校生活观察,观察记录见表 4-3。本次研究采用非参与式观察的方法,在不影响课堂正常教学的情况下,记录新生入学时在学习、社交、环境、生活、心理方面的行为表现,发现粤北农村小学新生在入学适应性上存在的问题,并对观察记录进行整理与分析。

表 4-3　观察记录表

时间	上课搞小动作的人数/人	主动回答问题的人数/人	走错教室的人数/人
9 月 8 日	13	13	7
9 月 10 日	8	15	4
9 月 14 日	8	25	2
9 月 17 日	7	20	0
9 月 22 日	5	25	0
9 月 23 日	6	25	0
9 月 28 日	2	26	0
10 月 11 日	5	24	0
10 月 20 日	3	26	0

(5)个案研究法。通过为期近两个月的观察,了解这所学校小学新生在学习、社交、环境、生活、心理等方面的行为变化,从而了解新生在入学初期所遇到的问题,为粤北地区农村小学新生入学提供适应性策略。

二、粤北农村小学新生入学适应性的现状

(一)学习适应情况

学习方面的适应是学生入学适应中最为重要的组成部分,学习适应情况如何,对学生后面的学习有着极为重要的影响。粤北农村小学新生学习适应调查结果如下(表4-4)。

表4-4 粤北农村小学新生学习适应调查表

题目	选项	人数/人	比例/%
你上课会认真听教师的指令	A.符合	44	45.36
	B.比较符合	45	46.39
	C.不太符合	8	8.25
	D.不符合	0	0
你觉得一年级的知识不难	A.符合	72	74.23
	B.比较符合	21	21.65
	C.不太符合	4	4.12
	D.不符合	0	0
你会主动完成教师布置的学习任务	A.符合	70	72.16
	B.比较符合	23	23.71
	C.不太符合	4	4.12
	D.不符合	0	0
课堂上你会积极发言	A.符合	14	14.43
	B.比较符合	30	30.93
	C.不太符合	46	47.42
	D.不符合	7	7.22

(1)大部分小学新生在课堂上能较好地适应,但有部分学生不太适应。对粤北农村小学新生上课情况进行调查,有45.36%的学生上课认真听从教师指令,

46.39%的学生比较认真听从教师指令,有8.25%的学生不太听从教师指令。综合来看,大部分小学新生在课堂上能较好地适应,部分小学新生不太适应新的课堂学习。根据课堂观察可知,有小部分学生不太听从教师指令,如教师叫他们拿出本子,部分学生没有拿,在搞其他小动作,要教师说很多次才拿出来。

(2)大部分学生能跟上学习进度,但有部分学生不能。对粤北农村小学新生对所学的知识是否有难度进行调查,74.23%的学生认为一年级知识不难,21.65%的学生认为一年级知识不是很难,4.12%的学生认为一年级知识较难。综合观察,大部分新生在学习适应性方面比较好,但有小部分学生不太适应。根据对教师的访谈发现,有一部分学生跟不上学习进度,对新知识的接受能力较差,这说明有部分一年级新生在学习方面出现了不适应的情况。

(3)大部分学生能主动完成教师布置的学习任务,有部分学生则不能。调查结果显示,有72.16%的学生能主动完成教师布置的学习任务,有23.71%的学生能较主动完成教师布置的学习任务,有4.12%的学生没有主动完成教师布置的学习任务。结果表明大部分学生能够主动完成学习任务,但由于学前教育时期是以游戏为主,很少有书面及口头上的学习任务,因此会出现一部分学生无法适应的情况。

(4)课堂发言的积极性有待提高。针对学生在入学初期课堂发言的情况进行调查,有14.43%的同学是积极发言的,有30.93%的学生是比较积极的,有47.42%的学生不太积极,有7.22%的学生不积极。综合来看,五成以上学生在课堂上发言不积极。根据课堂观察也发现,在一个班级中,积极发言的总是那些性格较为外向的同学。

(二)社交适应情况

社会交往能力的适应也是小学新生入学适应性的重要组成部分。粤北农村小学新生社交适应调查结果如下(表4-5)。

(1)大部分新生在人际交往方面适应较好,但有部分学生不太适应。对新生是否会主动结交朋友的现状进行调查,有46.39%的学生会主动结交朋友,28.87%的学生比较主动地结交朋友;对学生下课后是否经常与同学玩进行调查,49.48%的学生下课后经常与同学玩,30.93%的学生下课后比较常与同学玩。总的来看,大部分学生在人际交往方面适应较好,但在主动社交方面有所欠缺。开学一周后对一(3)班学生进行访谈,参与访谈的王同学说:"我下课不会主动去找其他同学玩,我还不知道他们的名字。"在访谈时有一位教师说:"有些孩子与同学和教师的交流互动情况很好,只有个别孩子有些不合群,不太爱说话或者会用暴力表达自己的不满。"

表 4-5　粤北农村小学新生社交适应调查表

题目	选项	人数/人	比例/%
你会主动结交朋友	A. 符合	45	46.39
	B. 比较符合	28	28.87
	C. 不太符合	21	21.65
	D. 不符合	3	3.09
你下课后经常与同学玩	A. 符合	48	49.48
	B. 比较符合	30	30.93
	C. 不太符合	9	9.28
	D. 不符合	10	10.31
你会主动向教师问好	A. 符合	44	45.36
	B. 比较符合	42	43.30
	C. 不太符合	11	11.34
	D. 不符合	0	0
你与同学相处融洽	A. 符合	46	47.42
	B. 比较符合	39	40.21
	C. 不太符合	8	8.25
	D. 不符合	4	4.12

(2) 大部分学生与教师交流情况良好，有部分学生则不太好。粤北农村小学新生在入学初期主动向教师问好的调查数据表明，45.36%的学生会主动向教师问好，43.30%的学生比较主动向教师问好，11.34%的学生不太主动向教师问好。总的来说，粤北农村小学大部分学生与教师交流情况良好，但部分学生不太愿意与教师交流，这主要表现为有部分学生不太主动跟教师打招呼。

(3) 大部分学生与同学关系较为融洽，部分学生与同学的关系不太融洽。学生在入学初期与同学关系相处的调查结果显示，47.42%的学生与同学相处融洽，40.21%的学生与同学相处较为融洽，8.25%的学生与同学相处不太融洽，4.12%的学生与同学相处不融洽。总的来看，部分学生与同学的关系不太融洽，主要表现为容易因极小的事情闹矛盾。根据课堂及课后观察，发现部分学生会因为一些极小的问题闹矛盾，但很快就会和好。

(三)环境适应情况

环境适应可以分为对物理环境的适应及对人文环境的适应。粤北农村小学新生入学环境适应调查如下(表4-6)。

表4-6 粤北农村小学新生入学环境适应调查表

题目	选项	人数/人	比例/%
你能够在开学一周内熟悉并适应新校园和教室环境	A.符合	55	56.70
	B.比较符合	35	36.08
	C.不太符合	5	5.15
	D.不符合	2	2.07
你能适应学校公共厕所	A.符合	57	58.76
	B.比较符合	28	28.87
	C.不太符合	5	5.15
	D.不符合	7	7.22
小学教师很友好	A.符合	61	62.89
	B.比较符合	26	26.80
	C.不太符合	7	7.22
	D.不符合	3	3.09

(1)大部分学生对新校园适应较好,部分学生在入学初期不太适应新校园的环境。56.70%的学生能够在开学一周内熟悉并适应新校园和教室环境,36.08%的学生适应较好,58.76%的学生能适应学校公共厕所,28.87%的学生较能适应学校公共厕所。总的来看,大部分学生能够适应新校园环境,有小部分学生不太适应,这主要表现为找不到相应的场所及不适应学校的公共厕所。根据观察以及对教师的访谈,有一些学生在刚入学时,上完厕所就找不到回教室的路了,有部分学生会因公共厕所没有独立单间而不能适应,会出现忘记或者不会冲厕所的现象。

(2)大部分学生在入学初期觉得小学教师比较友好,但有部分学生觉得小学教师不太友好。对教师是否友好进行调查,有62.89%的学生认为小学教师很友好,26.80%的学生认为教师比较友好,7.22%的学生认为教师不太友好,3.09%的学生认为教师不友好。对学生的访谈发现,有部分学生觉得小学教师比较严厉,在平时的学习生活中要求也比较严格,与幼儿园教师相比来说不太友好。

(四)生活适应情况

在小学阶段,除了学习,课余生活也是学校生活的重要组成部分。生活适应指的是学生对学校生活的适应情况,主要是指学生的自理能力。粤北农村小学新生生活适应调查结果如下(表 4-7)。

表 4-7 粤北农村小学新生生活适应调查表

题目	选项	人数/人	比例/%
上课你没有或很少上厕所	A. 符合	46	47.42
	B. 比较符合	23	23.71
	C. 不太符合	16	16.49
	D. 不符合	12	12.38
你知道上午和下午各上几节课	A. 符合	82	84.54
	B. 比较符合	6	6.19
	C. 不太符合	7	7.22
	D. 不符合	2	2.05
轮到你值日时,你会打扫卫生	A. 符合	80	82.48
	B. 比较符合	15	15.46
	C. 不太符合	1	1.03
	D. 不符合	1	1.03
你会自己整理书包和学习用具	A. 符合	71	73.20
	B. 比较符合	16	16.49
	C. 不太符合	7	7.22
	D. 不符合	3	3.09

(1)大部分学生能适应学校的日常生活,部分学生则不太能适应。对学生在上课期间是否经常上厕所进行调查,47.42%的学生上课没有或者很少上厕所,23.71%的学生上课上厕所的情况比较少;调查学生对学校作息时间的了解程度,84.54%的学生知道上午和下午各上几节课;对学生是否会打扫卫生进行调查,82.48%的学生会打扫卫生。总的来看,大部分学生能适应学校的日常生活,少部分学生会出现不适应的情况。学生不适应学校日常生活的表现:一方面,根据在学校的观察可知,学生在刚入学时,下课不去上厕所,上课之后才去,特别是

如果有一位同学举手要上厕所,其他同学也会跟着举手;另一方面,有部分学生不按时完成分配的卫生任务。

(2)大多数学生自理能力较好,部分学生自理能力较差。对学生整理书包和学习用具的情况进行调查,73.20%的学生能自己整理,16.49%的学生基本能够自己整理,10.31%的学生不太能够自己整理。表明当前粤北农村小学新生会对自己的书包和学习用具进行整理,但也有一部分学生自理能力较差,不太能进行整理。询问教师学生在学校生活中能否整理好个人物品和学习用具时,访谈的19位教师中,有17位教师认为大部分学生能够自己整理个人物品,说明其自理能力较好,但也有部分学生不能够自己整理个人物品,表现为天天有人忘记带书或作业本,昨天发的试卷,今天就不见了,铅笔、橡皮经常丢。

(五)心理适应情况

心理适应是深层次的入学适应。心理适应是隐性的,但可以通过外显行为来了解学生的心理适应情况。粤北农村小学新生心理适应调查结果如下(表4-8)。

表4-8 粤北农村小学新生入学心理适应调查现状表

题目	选项	人数/人	比例/%
一说到上学你很高兴	A.符合	33	34.02
	B.比较符合	39	40.21
	C.不太符合	19	19.59
	D.不符合	6	6.18
刚开学来学校你不会感到紧张	A.符合	36	37.11
	B.比较符合	27	27.84
	C.不太符合	21	21.65
	D.不符合	13	13.40
你喜欢自己的班级	A.符合	63	64.95
	B.比较符合	27	27.84
	C.不太符合	4	4.12
	D.不符合	3	3.09

(1)学生对新环境的心理适应能力不太理想。从学生对上学的态度进行调查,34.02%的学生觉得上学很开心,40.21%的学生觉得上学比较开心,19.59%的学生觉得上学不太开心,6.18%的学生觉得上学不开心;对学生刚开学进入学

校后会不会感到紧张进行调查,21.65%的学生感觉有点紧张,13.40%的学生感觉紧张。总的来说,有较多的学生对新环境的心理适应不太理想,这主要表现为学生进入新的校园中时,有较多的学生会感到紧张,还有些学生不太想上学,觉得上学不开心,没有从心理上适应小学生活。

(2)大部分学生能够喜欢自己的班级,少部分学生则不能。据调查显示,64.95%的学生喜欢自己班级,27.84%的学生比较喜欢,4.12%的学生不太喜欢,3.09%的学生不喜欢。以上数据表明,粤北农村小学大部分学生喜欢自己的班级,有归属感,但有一小部分学生不喜欢自己的班级。

三、粤北农村小学新生入学适应性的问题

通过对问卷调查、观察记录以及访谈的整理与分析,发现粤北农村小学新生入学适应主要存在以下五方面的问题。

(一)课堂学习注意力难集中

根据课堂及课后观察,发现粤北农村小学新生对40min的课堂不能完全适应。有一大部分学生在上课上到20min左右时,就开始出现注意力不集中、搞小动作、与同桌讲话等情况。根据家长反馈,课后部分学生不能主动完成学习任务,需要家长督促。在做作业时注意力难以集中,如容易被外界所干扰,或者是在完成作业的过程中出现搞小动作、发呆等情况。

小学新生学习注意力不集中的原因有以下两点:一是学前教育阶段与小学阶段的学习方式有明显的差别。从哈克断层理论中学习方式的断层来看:小学阶段正规的科目学习方式与幼儿园的自由游戏、探索学习和发现学习方式有较大区别,孩子必须有适当的时间加以适应(杨敏,印义炯,2009)。学前教育阶段,学生主要是以游戏及户外活动为主,而小学一年级的学习,主要是以教师讲授为主,在课堂中,游戏时间较短或者没有,更多的是知识的传授。刚进入小学的学生更乐于接受的是以游戏为主的课堂,而对以知识讲授为主的课堂缺乏兴致,进而出现注意力难以集中的情况。二是学生年龄特点的影响。根据儿童发展阶段理论可知,每个年龄阶段学生的特征都不相同。小学一年级新生的年龄基本在7岁左右,他们的注意力只能坚持10~15 min,超出这个时间大脑就会出现阶段性疲劳,这使得学生注意力集中的时间较短,容易出现注意力分散的现象。

(二)社会交往能力两极分化

粤北农村小学新生社会交往能力两极分化。问卷调查结果表明,新生在社会交往方面出现了以下情况:一部分学生能处理好生生、师生之间的关系,一部分学生在社交方面却出现了一些问题。一是与同学交往时会出现一些问题,有时会因为一些小事与同学争吵,有时会私自拿走同伴的物品,有时会因为一些小事骂同学。二是不能与教师正常沟通交流,主要表现为:一方面,教师找学生谈话时,学生会出现害怕的心理,如紧张、不说话、说话声音很小等;另一方面,遇到问题时不敢向教师说出自己的心里话。

造成粤北农村小学新生社会交往能力两极分化的原因有三点。一是学生的性格特点。不同的学生有不同的性格特点,性格开朗的孩子往往喜欢交朋友,也会主动与同学说话、游戏,但一些个性较强或是相对内向的孩子一方面是同学们不喜欢与他玩,导致被孤立,另一方面则是这类学生内在地拒绝交朋友,喜欢一个人独处。二是家庭因素。其一,Sheridan 和 Koziol 等(2014)运用对比方式研究环境对孩子社会性发展的影响,发现农村地区的父母为孩子提供的情感支持较少,孩子的社交技能较低。其二,家长的行为习惯会影响孩子的交友方式,如果家长善于社交,那么学生的社会交往能力也会相对较好。三是客观因素,如班级的氛围,周围教师、同学等是否友好等因素。

(三)对新环境适应能力较差

访谈发现,大部分学生都能在开学一至两周时间适应新的校园环境,但有一部分学生需要一个月左右的适应时间。粤北农村小学学生不适应校园环境主要表现为:不愿意离开自己座位,不愿与同学交流,开学初期会出现走错教室、找不到教室、找不到教师办公室的情况。

粤北农村小学新生对新环境适应能力较差的原因有以下两点。一是环境变化大。一方面,幼儿园与小学的环境不同,幼儿园的物理环境较为活泼、颜色鲜艳,而小学的物理环境是较为庄严肃穆的,在入学初期会给学生带来紧张严肃感;另一方面,小学的校园环境比幼儿园的校园环境复杂,小学的功能室、教室较多,这会导致一部分学生找不到相应的场所。二是学生对环境的适应能力不同。有的学生,尤其是一些男生喜欢探索新的事物,对新的环境也充满了好奇,这样的学生对新的小学校园能够更快地适应;但是有的学生性格内向,不喜欢追求新的事物,他们的适应能力就会差一些(刘金花,2013)。

(四)自我服务意识较为薄弱

访谈的19位教师中,有6位教师认为学生在开学初期不能整理好个人物品和学习用具。在课堂观察中也发现,在开学初期,有一半以上的学生不能够自己整理物品。这主要表现为:桌面和抽屉很凌乱,学习用具、作业本及书本有时找不到;有些孩子经常丢东西,如铅笔、橡皮经常容易丢;还有一些孩子经常忘记带东西来学校,如忘带课本、作业本、学习用具等。

粤北农村小学新生自我服务意识薄弱的原因主要有两点。一是家庭因素。一方面,家长较溺爱,什么事情都帮孩子完成,家长包办孩子的一切,没有培养学生自己的事自己做的良好习惯;另一方面,受家长行为的影响,如有些家长平时在家丢三落四,不整理家里的内务,那么学生也会受父母行为的影响,不整理个人物品。二是年龄特点。根据皮亚杰的儿童发展阶段理论可知,每个阶段学生的特点都有所不同。六七岁的孩子活泼好动贪玩并且自制力也较差,没有足够的能力去按照要求约束自己(刘长青,2019)。

(五)心理适应能力有待提高

粤北农村小学新生在入学初期,面对新的校园及学习环境时部分学生在开学一两天后就会消除紧张感,而一部分学生则比较难以消除紧张感。据调查,37.11%的学生刚开始来学校时不会感到紧张,27.84%的学生感觉不太紧张,有35.05%的学生感觉紧张。这主要表现在教师提问时,不敢大声回答问题,以及面对教师时会出现扭捏的状态,还有一些同学抗拒来学校上课也是学生在心理上不适应学校的表现。

粤北农村小学新生心理适应能力较弱主要有两个原因。一是根据哈克的幼小衔接断层理论,从关系人的断层方面来看,孩子入学后必须离开"第二个母亲"角色的关系人——幼儿园教师,而去接受要求严格、学习期望高的小学教师,这使孩子感到有压力和负担(杨敏,印义炯,2009)。学生在进入小学后,面对新的教学环境以及新的学习任务,一年级教师对学生的要求高于幼儿园教师,家长对学生的要求也会提高,没有一个过渡期,面对突然的严格要求,孩子会感到压力和负担。二是学校氛围、班级氛围以及教师是否友好的影响。如果学校及班级氛围比较轻松,教师对待学生也友好,那么学生的紧张感就会降低,反之则反是。

四、粤北农村小学新生入学适应性的改进

(一)推进家校共育,强化注意训练

一是提高课堂的趣味性及多样性。刚刚入学的一年级新生,他们这一年龄阶段的特征是对生动有趣的事物充满好奇,面对新鲜事物他们总是充满活力,因此教师在教学过程中应有机结合新生年龄特点,向学生呈现大量形象直观的画面,促使新生对课堂教学充满期待,形成良好的主观能动性,从而彻底激发新生的知识探索欲望,敢于探究问题(沙文居,张超,2019)。在开学初期,教师在课堂中可以采取多样的形式,如游戏、视频、音乐、小组合作等来吸引学生注意力。在课堂中,表扬也是提高学生注意力的一种方式,对上课表现好的学生及时给予表扬,对上课做得不好的同学及时给予反馈,表明教师时时刻刻在关注他们,使学生更加主动地学习。通过以上的方式,让学生感受到上小学的快乐,让学生喜欢上小学,使学生更快地适应小学学习生活。

二是家长要有目的地进行注意力训练。对于孩子注意力不集中的情况,家长要找到根本原因,对孩子进行针对性训练。家长可以用游戏的方式来训练孩子的注意力。例如:对于因为多动而造成注意力难集中的情况,家长可以与孩子比赛,看谁能坚持静坐不动,坚持时间长的获胜,孩子如果胜出,给予一些小奖励。还可以玩简单的数字游戏,家长说一串数字,孩子把听到的数字记下来。利用简单的游戏,可以训练孩子的注意力,以提高学生在学习上的注意力,让学生更好地适应小学学习生活。

(二)强化集体荣誉,增加社交活动

一是在班集体活动中增强集体荣誉感。哈克的断层理论中提到,从行为规范的断层和社会结构的断层来看,通常在幼儿园被认为是理所当然的个人要求,在小学不再被重视,孩子入小学后必须学会正确地认识自己,融入集体(杨敏,印义炯,2009)。刚进入小学的学生是没有班集体意识的,所以在新生入学的时候需要注重对学生班集体意识的培养,学生只有适应了学校、班级等集体的生活才能更好地适应新的校园环境,也才能够更好地加入其中。学校方面,可以组织集体活动,以增加学生的交流机会。比如,学校可以组织班级之间的游戏比赛活动或者是简单的互相协作比赛。通过班级与班级的比赛活动,让学生在游戏和活动中渐渐形成班集体意识,增强自己对班级的归属感。在开学初期,通过班级和学校创设交流活动,增加学生之间的交流,增强彼此的了解,让学生在社会交往方面更好地适应。

二是利用多种形式增加交流的机会。一方面,课堂交流是师生之间最普遍的交流方式,教师要好好利用课堂加强师生之间的交流。比如,教师在上课的过程中,可以让学生多表达自己的意见和想法,让学生多说,学生说完后,教师要及时给予反馈。通过以上的方式,增加教师与学生间的交流。此外,教师在下课后也要加强和学生之间的交流,比如可以找学生聊天,通过聊天了解学生的情况,这也是师生之间交流的一种方式。通过彼此的交流互动,可以让学生在与教师的交流方面更好地适应;另一方面,课堂也是学生之间互相了解的好机会。比如,教师可以在课堂教学中运用小组交流的方式,让学生通过小组学习、小组讨论、合作完成任务等方式,增加学生之间的交流机会。除此之外,教师可以举办主题班会课,增进学生之间的沟通交流。比如可以让学生在主题班会课中分享自己在生活中的趣事,以便其他学生更好地了解自己。在小学新生开学初期,多创设机会让学生与教师及同学交流,会让学生在社交方面更好地适应。

(三)强化幼小衔接,增添校园童趣

一是在校园里多增添童趣元素。六七岁的孩子以比较具体形象的思维为主,一些充满童趣的卡通形象和比较鲜艳的色彩更能够拉近学生与新环境的距离,也更能够缓解和减少学生在面对新环境的紧张和恐惧感(田蓉,2019)。小学新生刚入学时,面对与幼儿园时期不同的校园环境会产生恐惧感。学校应该做好这方面的衔接工作,如可以在学校走廊、墙壁上添加一些较为卡通或是颜色较为鲜艳的儿童元素。一年级教师可以对本班教室进行装饰,如出黑板报的时候,使用颜色较为鲜艳的卡通元素,制作一些手工作品摆放在教室。这样使幼儿园校园与小学校园在环境上的衔接更加紧密,缓解环境衔接脱轨的情况。二是在校园里多摆放标识图片。在开学初期,会出现学生找不到教室及其他场所的情况。对此,可以在学校多张贴场所的标识图片。比如,可以在每一栋教学楼的一楼设置一个关于学校各个场所的标识图,这些标识图最好以图片的形式出现,这样会让一年级学生更容易看明白。

(四)重视好习惯养成,培养自理能力

一是开展评比活动,促进孩子好习惯养成。首先,在小学新生进入学校后,第一个月教师应该把重心放在培养孩子良好的习惯及规则意识方面。教师可以利用游戏或者是讲故事的形式帮助学生养成良好的习惯。比如,在开学初期制订评比计划。对卫生习惯良好的学生给予表扬及奖励,可以给予学生"卫生达人"的荣誉称号,激励学生养成良好的卫生习惯,培养学生的自理能力。除了对学生良好卫生习惯的培养之外,教师还要培养学生对个人及班级物品整理的良好习惯。比如说上课之前需要放什么,放在哪里,桌面上的书本、水杯、铅笔盒应该怎样摆放,抽屉里面的书本如何摆放,这些小习惯的养成都需要教师的经常提醒,因为大部分一年级学生没有形成自觉整理物品的意识,所以教师要经常提醒,直至学生养成自我整理的良好习惯。其次,教师要让学生学会自己的事情自己处理。学生遇到简单的生活问题,如不会系鞋带、不会整理书包等时,教师可以先自己示范,示范过后再让学生自行整理。通过让学生自己解决简单的生活问题,减少学生的依赖,培养学生的自理能力。

二是发挥榜样作用,培养学生的自理能力。学生的自理能力强弱和习惯的好坏与学生所在的家庭环境有很大关系。首先,家长作为孩子学习的榜样,自身要有良好的习惯。家长在家里要有良好的卫生习惯,如衣物要保持整洁,垃圾不乱丢等。家长要整理好家中的物品,如物品的摆放要整齐,整理好个人物品等。家长有良好的习惯,学生也会在耳濡目染中养成良好的习惯。其次,家长要注重培养学生的良好习惯及自理能力。家长不能觉得孩子还小,任何事情都帮助学生完成。对于小学新生来说,他们已经有相应的自理能力,家长要学会放手一些简单的事情,让孩子自行完成,让学生形成"自己的事情自己完成"的意识。比如说,家长要从小培养孩子衣物保持整洁;平时拿了家里的物品摆回原位;自己能整理的东西自行整理;鼓励孩子做一些力所能及的家务活,如打扫卫生、洗碗、叠衣服等,从这几方面来培养孩子的自理能力。

(五)关注心理健康,注重氛围创设

一是关注儿童心理健康发展。根据皮亚杰的认知发展阶段理论,小学一年级正从前运算阶段转为具体运算阶段,由学前期转为学龄期,很容易产生自卑感、失败感。刚进入小学时,学生可能会因学习、生活、环境、社交等方面的不适应而产生压力,造成心理上的不适应,进而产生厌学的情况。一方面,学校可以在刚开学时对学生进行心理健康教育,通过教师的疏导,学生会减少对新校园的陌生感以及抗拒感,进而更好地适应学校生活;也可以通过举办主题班会的方式,来消除同学之间的陌生感,如可以让班级同学分享自己在生活中遇到的趣事等。另一方面,家长也要时刻关注孩子的情况,如果孩子厌学,要及时与孩子沟通交流,了解其厌学的原因,及时对其进行心理疏导。

二是注重创设宽松良好氛围。小学生活相对幼儿园生活来说是比较枯燥的,小学有严格的作息时间,活动时间较少。对此,学校方面,可以为学生创设较为宽松的环境。比如在刚开学时,可以通过举办新生见面会,让学生介绍自己,使学生互相之间有个初步的认识。教师方面,对于刚进入小学的学生来说,根据哈克的关系人的断层来看:孩子入学后必须离开"第二个母亲"角色的关系人——幼儿园教师,而去接受要求严格、学习期望高的小学教师,这会使孩子感到有压力和负担(杨敏,印义炯,2009)。那么作为教师要对学生多一些爱心与耐心,以消除学生对新环境的陌生与不适感。

总之,改进农村小学新生入学适应性是粤北基础教育高质量发展的重要支点之一,只有采取有效改进方略,才能提高农村小学新生入学适应性,有助于实现粤北基础教育高质量发展。

第五章 粤北农村小学核心素养培养的问题及改进[①]

教育的根本任务,即教育的基本功能和实用价值,需要考虑其基本问题:教育要培养什么样的人(林崇德,2016)。为期三年的《中国学生发展核心素养》研究结果于2016年9月13日发布(张伟,2019)。核心素养的提出给一线教育人员指明了前进的方向。学校及教师可以根据核心素养的目标确立学校教育的目标以及方向,同时也可以利用核心素养培育的目标来做评价的标准(朱秋婵,2017)。由于其重要意义,学界对核心素养培养十分关注。石鸥和张文(2016)认为学生核心素养培养呼唤基于核心素养的教科书,李彤彤(2018)提出创客式教学是面向核心素养培养的STEAM[②]课程教学新范式,罗燕芬(2013)、李明远和彭华清(2016)、冀小婷(2016)、徐国明(2016)、张立国和王国华(2018)分别就高中政治、初中英语、基础教育英语、小学数学、信息技术学科核心素养培养进行了研究。然而,对特定区域农村小学生核心素养的培养问题关注不多。本章通过调查研究,对目前粤北农村小学核心素养培养现状、问题及改进做出分析,有助于粤北基础教育高质量发展。

一、研究设计

(一)概念界定

"核心素养"是指学生必须具备的基本技能和核心技能,这也是他们适应终身学习和社会发展的需要,其中包括基本能力、情感态度、价值观等,也可以说是"人的全面发展的培养",分为三大方面(即文化基础、自主发展、社会参与)和六种素质(即人文底蕴、科学精神、学会学习、健康生活、责任担当、实践创新),也可归纳为国家认同的十八个基本点(Lin et al.,2017)。所谓"农村小学核心素养培养",即农村小学要培养的小学生所必需的技能、知识、情感态度和价值观。农村

[①] 韶关市曲江区樟市镇中心小学张志辉参与本章初稿撰写,特此感谢。
[②] 集科学(S)、技术(T)、工程(E)、艺术(A)、数学(M)于一体的多学科融合综合教育。

小学核心素养培养必须要依据其目标执行,并且要在整个过程中统一落实(费鑫宇,2018)。

(二)研究方法

(1)文献研究法。先在各相关文献平台、学校图书馆等网站进行课题相关关键词的文献搜索,收集整理并且阅读、分析有关的文献资料。

(2)问卷调查法。依据理论基础以及学校的基本情况,对始兴县 G 小学教师以及学生发放和回收问卷,再整理分析调查结果,用于研究。

(3)访谈调查法。设计访谈提纲,对始兴县 G 小学学校领导、教师以及学生采用面对面交流的形式开展访谈,收集访谈数据,对访谈数据进行整理分析,用于研究。

(4)个案研究法。以始兴县 G 小学为研究个案,开展调查和收集相关课题研究的材料,进而研究分析小学核心素养培育的现状以及存在的问题。

(5)观察研究法。选择的调查对象即实习学校,能够在日常教学工作、生活中,通过观察师生课堂、教师工作、学生的情况,了解小学核心素养培育的实施现状,为本课题的研究提供理论基础。

二、粤北农村小学核心素养培养的现状

(一)个案背景

G 小学是始兴县的小学,有近 3000 名师生。学校的校训为:立己助人,勇攀高峰。办学理念为:铺筑成才之路,奠基幸福人生。办学目标是建造幸福校园和创建书香的名校;育人目标是:让每一位学生闪光,让每一位学生成才。教育部发布《中国学生发展核心素养(征求意见稿)》后,G 小学开始探索学生核心素养培育,逐渐形成了依托"五学一体"闪光课堂教学模式落实学生核心素养的做法。

对学校领导和教师访谈得知(表 5-1),"五学一体闪光课堂教学模式"为 G 小学独特的教学模式。该教学模式倡导以"生"为本,教学活动主要包括个体预学、教师导学、组内合学、班级展学、总结延学五个环节。学生在这五个环节当中完成学习任务。学校倡导该模式主要是想要让教师在教学过程中,多多挖掘学生的闪光点,并构建一个能够发现同学闪光点的共同体,让每一位同学都能在小组里或者班级内发表自己的看法。在访谈中,有学校领导(受访者 5)表示,学校设置此教学模式的目的是想通过这样的课堂教学,使每个学生掌握必备的学科素养,能逐步培养学生的人文情怀、自我管理、科学精神、乐学善学、责任担当、实践创新等素养,达到课堂教学改革的目的,实现学校落实核心素养的育人目标。

表 5-1 G 小学的特色教学

访谈对象	学校领导	学校教师
访谈记录	学校的特色教学有"五学一体闪光课堂教学模式"。在学习过程中,个体能够在共同体中相互作用,在教学过程中,教师也能够挖掘学生的闪光点以及逐步培养学生的核心素养,例如人文情怀、科学精神、乐学善学等	"五学一体闪光课堂教学模式"注重以学生为本,具体有五个步骤:个体预学、教师导学、组内合学、班级展学、总结延学。让每一位学生在组内或者班级内发表自己的看法,也就是在课堂上发光

(二)培养现状

在对该校进行问卷调查以及访谈后,得出结论:在大部分教师眼中,学校对学生核心素养的培养重视程度一般。在实习的过程中,通过观察以及对部分该校教师的访谈得知,有教师认为该校虽然有着"五学一体闪光课堂教学模式",所倡导的教学理念就是培养学生的人文情怀、乐学善学、责任担当等核心素养,但在平常班级教学过程中并不会使用该教学模式,只有在公开课上,教师才会被要求按照此模式进行教学。此外,通过调查以及访谈得知,学校大部分的教师对中国学生发展核心素养的基本内涵处于基本了解的水平,也有少部分的教师只是处于部分了解的水平。

从核心素养培养内容来看,调查得知该校大多教师认为核心素养最重要的部分是勇于探究、乐学善学、社会责任这三项。而在教学过程中学生核心素养的培养内容最多是乐学善学,最少的是审美情趣这一项,通过数据得知核心素养各项的培养并不均衡。《中国学生发展核心素养》共有六大项,根据每一项核心素养设计的问卷题目,调查了解到该校教师对核心素养各项具体培养内容的了解程度也有所欠缺。例如,珍爱生命核心素养培养的主要内容这一题里,该校教师认为安全教育、生命价值教育和身体锻炼教育是重中之重,而其他选项如行为习惯教育、生活习惯教育、心理健康教育则较少选择。

从核心素养培养目标来看,在问及小学生核心素养需要达到什么目标时,该校领导与教师对学生核心素养培养所要达到的目标看法有同有异(表 5-2)。学校领导以及教师都认为学生要会学习,善于学习。分歧点在于:学校领导强调学生要养成正确的人生观和价值观,有责任感,能够成为适应社会的人才;教师则比较看重学生劳动技能和方法的培养。说明该校领导与教师对当前小学生核心素养培养的具体目标并没有形成一致看法。

表 5-2　培养小学生核心素养需要达到的目标

访谈对象	学校领导	学校教师
访谈记录	学生会学习,善于学习。养成正确的人生观和价值观,有责任感。初步理解生命的价值	学生会学习,善于学习。掌握基本的劳动技能和方法

从核心素养实施途径来看,本次问卷调查分别针对该校的教师和学生,在"从哪些方面培养学生的核心素养"这一问题上,从调查的结果来看(图 5-1),被选择最多的选项依次是:课堂教学、结合课程、结合日常生活(学校和家庭)、主题教育班会活动,即大部分的教师都是通过这几个方面来培养学生的核心素养,而结合网络资源,社会实践活动,体艺、科技活动这些选项选择的人数较少,部分教师对这些培养途径有所忽略,殊不知,学生核心素养的培养并不能仅仅注重理论的传授,也要注重培养学生在实践活动中的知行合一。

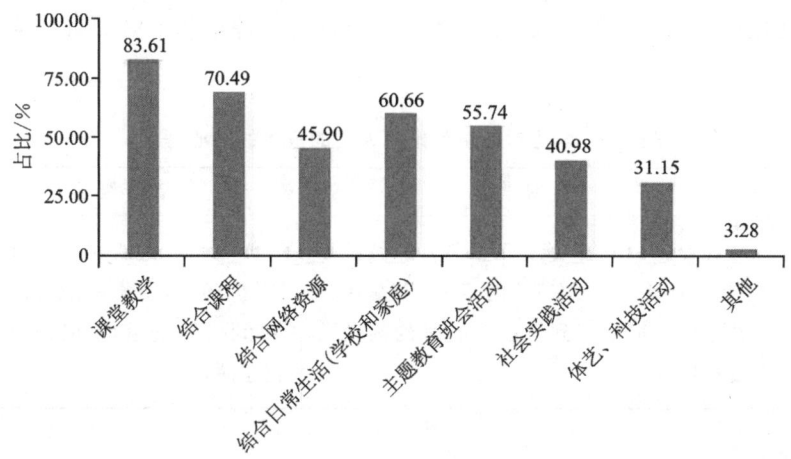

图 5-1　学生核心素养培养的实施途径

另外,从学生自身受教育的角度来进行调查,针对 G 小学的教学概况,再细化到每一项核心素养方面,针对学生设计的问题"你是通过哪些途径来培养自身的核心素养",绝大多数学生选择的是课题教学以及日常的学习生活,这一题也给出了其他的途径选项,如艺术舞蹈、美术、书法等学科,以及主题班会、艺术活动、比赛、校园文化的熏陶,可以看出学生在实践这一方面还是有所欠缺。

从核心素养培养效果来看,针对教师和学生设计了不同的问题,教师这一版的调查问卷则直接让教师对当前学生某一核心素养的培养效果做一个评价,共六大项核心素养,得出的结论都大致为学生的培养效果处于及格这一水平,不过处于一般以及有待加强的评价也有不少。从调查学生对各项核心素养的掌握程度来看,大多处于一般了解的程度,不太了解的学生也有不少。例如,在社会责任核心素养这一方面,分别设置了四个不同内容的问题,"对社会主义核心价值观的了解程度""你对班集体荣誉的理解是""你对法律知识的了解程度""你对生态环境保护的了解程度"。大致有50%的人选择"一般了解"这一选项,"非常了解""部分了解""不太了解"也有少数学生选择。总的来说,教师对学生的评价为及格,然而学生对这些知识的掌握确实处于一般的了解程度。

此外,随机抽取部分学生进行访谈,结果显示,学生对"你觉得生命的意义和价值是什么"这一问题,能够明白生命很宝贵,但是却并不能说出生命的价值和意义的大致内容(受访者24)。又如"你对环境污染对人类的危害的关心程度如何?你对此做过什么吗?"(表5-3),大部分的学生都知道环境污染对人类的危害是很严重的,但是确实并不能时刻保持这种意识,即对知识有一定的了解,但是不能做到知行合一,没有意识主动地做出相应的行为。所以通过调查问卷以及访谈的数据结果分析可以得知G小学的学生核心素养培养的效果处于一般这一水平。

表5-3 学生对环境污染对人类的危害的关心程度

访谈对象	中年级学生	高年级学生
访谈记录	关心程度为一般,能够明白教师所教授的"爱护环境,人人有责"的意思,但是在日常生活中很少想到自己要时时刻刻做到爱护环境	一般关心。虽然在有些时候明白"爱护环境,要每一个人从每一件小事做起"的道理,但是很少做出相应的行为

三、粤北农村小学核心素养培养的问题

结合调查问卷,包括其中的开放题"学校在学生核心素养培养的过程中,存在着哪些问题?"所收集的答案(表5-4),对部分学校领导、教师以及学生的访谈所收集的数据分析所得的结果,以及在实习期间对调查对象的实际观察,发现了G小学在学生核心素养培养上出现的问题,主要有以下几个方面。

表 5-4 学校在学生核心素养培养的过程中存在的问题

	开放题:学校在学生核心素养培养的过程中,存在哪些问题?
收集的问题	学校重视程度不够;开展活动频率较低且并不面向全体学生;部分教师对核心素养的知识了解不充分。
	理论多于实践;片面注重形式,不能很好地付诸实践;核心素养理论的学习运用在平时的教学实践中是有差距的,不能很好地培养学生

（一）核心素养的总体发展水平不高

对学校教师以及学生的调查问卷数据分析得知,G 小学学生在六大核心素养培养方面的总体发展水平不高,一是从学生对各项核心素养知识的掌握程度来看,大多处于一般了解的程度,不太了解的学生也有不少。再是从教师对学生核心素养的培养效果做出的评价来看(表 5-5),该校教师对学生的评价大致处于一般的水平。而结合实习期间在该校的日常观察来看,学生核心素养的发展水平可能会比调查所得的数据结果更低一些。

表 5-5 教师对该校学生核心素养培养效果的评价   单位:%

	良好	优秀	及格	一般	有待加强
审美情趣	16.39	9.84	11.48	44.26	18.03
勇于探究	18.03	11.48	21.31	45.90	3.28
乐学善学	22.95	9.84	40.98	24.59	1.64
珍爱生命	22.95	16.39	21.31	29.51	9.84
社会责任	24.59	9.84	13.11	45.90	6.56
劳动意识	27.87	14.75	42.62	13.11	1.65

同时,在调查过程中选择恰当的时机和场所,随机抽取该校不同年级里一些学生进行访谈。在对学生进行访谈时,问学生对安全知识的了解程度,大部分学生都会回答知道,但让学生具体举例说明有哪些安全知识时,一般却只能说一两句话的内容,与同一问题在调查问卷里的数据有些不符合。学生在问卷上的回答超半数是一般了解,甚至还有非常了解的同学。不同核心素养下同类型的问题再次提问学生,学生还是处于不太了解的程度。总体而言,学生对核心素养的知识掌握程度只是处于一般的水平。日常观察发现,学生对核心素养处在了解的水平,即清楚怎么做是对的,但没有表现在实际行动中,知行并未达到统一,核

心素养总体的发展水平并不高,学校和教师还有待加强对学生的教育。

(二)核心素养各项发展水平不均衡

调查问卷中依据核心素养的六大项分别设计了3~5道题目,通过调查数据整理与分析可以看出,G小学在学生核心素养的培养过程中也出现了各项核心素养发展水平并不均衡的问题,存在着非常明显的差异。

对访谈数据以及调查问卷的分析得知,该校学生对审美知识的了解程度为一般了解(图5-2),识谱、用谱、演唱、演奏等审美技能只是处于部分掌握的水平,总结评价审美情趣核心素养发展水平为一般。

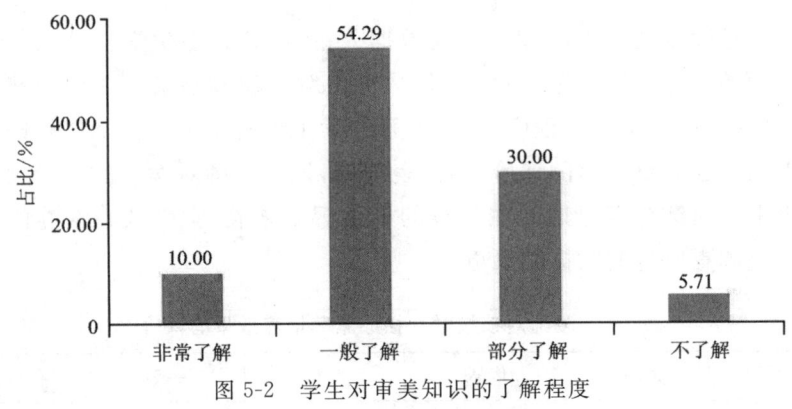

图5-2 学生对审美知识的了解程度

在勇于探究方面,学生对未知的事物充满探索研究的好奇心,但是在课堂上不善于发现和提出问题,能够独立解决问题的同学也只占少数,动手操作能力处于一般的水平,总结评价学生的勇于探究核心素养发展水平也为一般。

在乐学善学这方面,首先学生对学习的兴趣是很大的,有良好的学习习惯,而且对新事物的学习兴趣是十分强烈的。但是通过调查得知学生对自己的学习方法评价为一般,不过大部分的同学能够根据自身学习状态,及时调整学习方法。对调查问卷的分析表明,在学习与生活中,有74.29%的学生能够合理分配时间和精力(图5-3),所以总结评价乐学善学的核心素养发展水平为及格。

从珍爱生命核心素养发展这一项来看,通过调查数据得知该校60%的学生对生命的重要性是非常了解的,但是仍然有剩余40%的学生只是一般了解甚至是不太了解。对安全知识的了解程度,37.86%的学生表示非常了解,46.43%的学生只是一般了解,剩下的则是部分了解甚至是不太了解(图5-4)。在调查中发现,"当产生烦恼或者焦虑不安等心理问题,自己能否找到合适的方法来处理?"这一问题的回答下,只有57%的学生是能够处理好这些问题的,而剩下的都是无

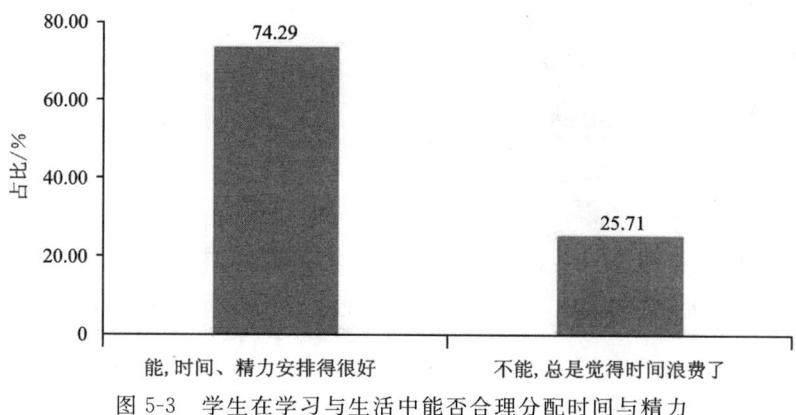

图 5-3　学生在学习与生活中能否合理分配时间与精力

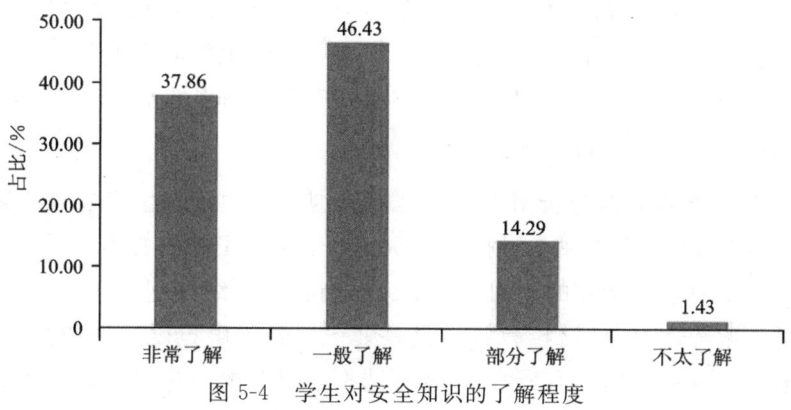

图 5-4　学生对安全知识的了解程度

所谓或者不知道该如何处理。可见,该校学生的珍爱生命核心素养的发展水平处于有待加强的程度。

从社会责任核心素养的发展水平调查数据来看,对社会主义核心价值观,30%的学生非常了解,47%的学生一般了解,剩下大致还有23%的是部分了解和不太了解。不过在班级荣誉这一方面,78%的同学都有着正确的理解:自己是班集体的一员,应当为班级争光。对法律知识以及生态环境保护,40%的同学是一般理解的程度,部分了解的占20%。总体评价社会责任核心素养发展水平是一般的。

从劳动意识核心素养这一项的调查数据来分析,90%的同学能够尊重劳动者以及劳动者的成果(图5-5),经常积极主动参与家务和班级劳动的占52%,剩下的则是偶尔参与。在生活中,自己的事情能够自己做的同学占62%,总体评价处于及格的水平。

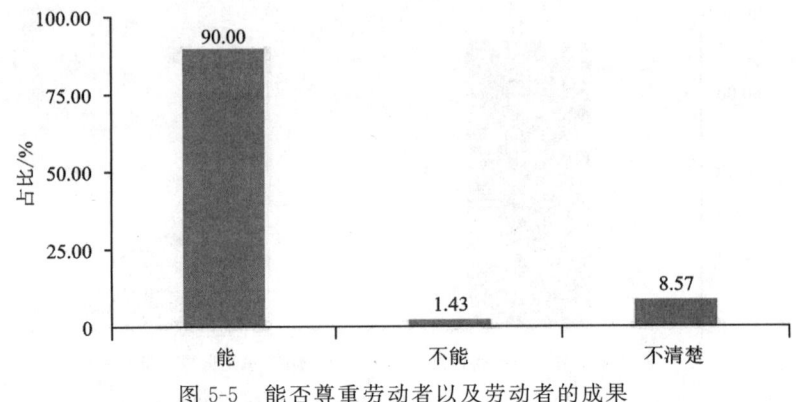

图 5-5　能否尊重劳动者以及劳动者的成果

从对各项核心素养的评价来看,G 小学当前的核心素养发展情况,其中既有优势项,也有劣势项,其中乐学善学,勇于探究属于学生核心素养的优势项,而其余的属于劣势项,尤其是珍爱生命这一方面处于有待加强的水平。

(三)核心素养认知和重视程度不高

从调查问卷的数据分析来看,G 小学的教师对"中国学生发展核心素养"的基本内涵的理解程度处于基本了解的占 54.10%,部分了解的有 40.98%(图 5-6)。可见该校教师对核心素养的认知程度不够。当将问题细分到对每一项核心素养的内容的了解程度上时,该校教师也只是处于一般了解程度。例如提及珍爱生命核心素养培养主要内容有哪些时,教师选择的最多的三项是生命价值教育、安全教育以及身体锻炼教育,而其余选项行为习惯教育、生活习惯教育、心理健康

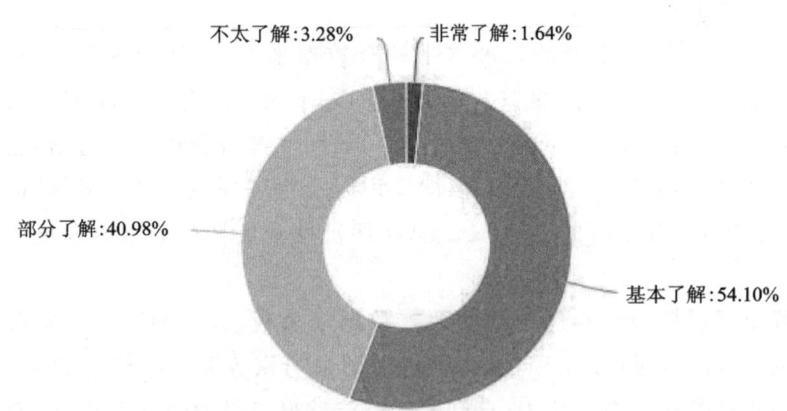

图 5-6　教师对《中国学生发展核心素养》的基本内涵了解程度

教育则选择较少。通过访谈得知,"您认为学校以及身边的同事对学生核心素养培养的重视程度如何?"这一问题的回答中,大部分教师对核心素养重视程度还是处于一般,有教师(受访者16)回答:"身边的同事在日常教学里也比较少注重这一方面"。而对于学校独特的"五学一体闪光课堂教学模式",大部分的教师是不采取的。可见,该校教师对于学生核心素养培养的认知程度以及重视程度并不高。

(四)核心素养培养的落实程度不够

经过观察以及访谈得出,学校虽然有着独特的"五学一体闪光课堂教学模式",从表面上看,学校方面十分倡导这样的教学模式,目的是不仅让学生在该课堂教学模式中闪闪发光,同时也让学生在学习过程中逐步掌握学科素养、人文情怀、乐学善学、责任担当、人文情怀等。但是在实际教学中,通过观察以及对部分教师的访谈,通过对教师对"对于学生核心素养的发展,您如何看待学校的'五学一体闪光课堂模式?'"这一问题的回答分析(表5-6),了解得知教师只在上公开课时被要求使用该课堂模式进行教学,而在日常的教学中,则是使用普通的教学模式,访谈中也有教师(受访者19)回答道:"在日常教学中,一般不怎么使用该模式进行教学,一是教学进度的限制,二是学生知识水平的限制,并没有每节课都这样上"。由此可见,学校对学生核心素养的重视程度是有的,但是并没有要求教师在实际课堂教学中使用,部分教师也透露该课堂教学模式在实际教学中不太适用,也不太愿意主动去使用。可见学校对学生核心素养的培养落实程度并不够。

表5-6 对学校"五学一体闪光课堂教学模式"的看法

访谈对象	学校领导	学校教师
访谈记录	"五学一体闪光课堂教学模式"是学校的特色教学模式,不仅能够让学生在教学过程中学到知识,同时也能够发展学生的核心素养,如人文情怀、科学精神、乐学善学等	"五学一体闪光课堂教学模式"对比平常的教学模式还是有一定的优势,但是在日常教学中,一般不怎么使用该模式进行教学,一是教学进度的限制,二是学生知识水平的限制,并没有每节课都这样上

此外,教师版的问卷中提及"在教学中有无将学科知识与核心素养教学理念相互融合",75%的教师将学科知识与核心素养教学理念相互融合,剩下25%的教师则并没有注重这一方面。结合核心素养培养开展主题班会的次数为每周至

少一次的占 62％,每月至少一次的占 32％。结合核心素养培养开展心理健康教育主题班会或对学生的心理辅导的次数为每周至少一次的占 47％,每月至少一次的占 45％。结合核心素养培养举办社会实践活动的次数为每周至少一次的占 35％,每月至少一次的占 35％,每个学期至少一次的占 20％。由此可见,学校以及教师对学生核心素养的培养的落实程度并不够。

四、粤北农村小学核心素养培养的改进

(一)牢固树立核心素养培养理念

整理、分析问卷调查和访谈数据得知,G 小学的教师对学生核心素养内涵的了解普遍只是处于一般水平。教师有多种多样的角色,学生在学习过程中离不开教师的引导。小学教师首先必须积极和有意识地提高他们的专业教育素养,要充分解释现有的教育材料,并有足够的专业理论知识来提高他们的专业能力和水平,具有深厚的文化知识。其次,农村小学教师必须建立基于核心素养培养的想法,用合适的教育方法培养学生的核心素养。

王乐(2018)认为,21 世纪的教师应该从心底关心自己的学生,做到尊重关爱学生并且采取一视同仁的态度。在教学中也要注重教育机制的生成,即课堂是具有生成性的,而不是按照教师固定的想法来展开的,这一观点也说明教师在教学中进行核心素养培育的渗透其实是具有挑战性的。首先教师需要了解学生的基础水平,以及学生在教师的帮助下能够达到的水平,即"最近发展区"。其次,教师还需要分析知识的内在结构,让知识、思想文化和生活经验相互融合,使学生在生活情境的学习中培养核心素养(朱桂琴,2017)。另外,有学者认为,新时代教师的角色是多元化的,他们既是知识的讲授者,也是课程的开发者,所以教师需要不断结合核心素养更新课程和开阔自己的视野,发展成为教学课程和教育的先驱者(窦桂梅,2013)。

(二)构建核心素养培养课程体系

通过在 G 小学的实习教学以及日常工作生活,发现该校现行的课程体系偏重于学科知识的传授,虽然这样能够为中小学生提供良好的知识基础,但是并不利于学生核心素养的全面发展。赵学昌等(2016)认为学校以及教师可以利用学科素养来开展教学。目前的课堂是缺乏灵活性和学生自主性的,学生无法得到全面性的核心素养发展,而教育的目的是培养社会所需要的人才,也就是说,以知识为中心的课堂已经无法适应当前迅速发展的信息化社会。黄宝权(2016)提出了以下几个方面的建议。第一,要丰富学校课程内容,并且可以适当增加基于学校地方特色的课程,针对不同发展阶段和不同基础的学生提供更多选择的机会,以此来满足学生的需求。第二,增加实践类课程。值得一提的是,深度学习对于培养学生核心素养也是一种有效的教学方式。通过调查数据可知,G小学学生核心素养的培养是缺乏实践的。

小学教育阶段以学科课程为主,所以教师应当学会在教学中将学生所需要培养的核心素养逐一融合到每个学段和每一门学科的教学目标中,坚持做到以课程育人。在教学理念方面,注重将学科知识与学生的实际生活相结合,让学生在现实情境中学习,以达到学生核心素养的培育(王薇,2017)。同时,需要注意的是,在粤北农村的地方学校,可以多多利用综合实践课程。另外,可采用将课程纳入具体方案的做法来发展学生的基本素养。例如可以结合核心素养的培育,构建多媒体环境下的小学"综合实用"教学模式,设计"综合实用"的校本课程,编写与课程相适应的教材(Xu et al.,2019)。作为综合实践课程,可以加入艺术、音乐、体育、艺术等,然后是将当地农村小学有特色的人文情怀注入其中,将这些方面与学生的核心素养培养相互融合,能够起到很好的培养效果。学校的校本课程也同样如此,在校本课程中穿插着小学生核心素养的培养,这既是学校的地方特色,同时也是课程多元化开发的体现。

(三)构建核心素养导向评价体系

从对学校部分领导以及教师的访谈得知,当提及"学校是否有专门的核心素养评价模式?或者说具体从哪些方面进行评价?"这一问题时,得出的答案是该校在核心素养的育人过程中缺少专门的评价模式。教学评价是以教学目标为前提,提供恰当的方法,对教学活动以及结果给予正确的判断,并且对教学活动结果进行测量以及分析。它能够给教师的教学指明前进的方向,也能够让学生在被评价的同时,知道下一步该如何做,起到引导的作用。所以说教师想要培养学生的核心素养,有关核心素养的评价是必不可少的。可以借鉴重庆市沙坪坝区新桥小学的"四会"评价模式(李月如,2018)。新桥小学所采用的"四会"评价,是围绕着学生的核心素养培养,用学生喜爱的方式,选择恰当的时机和场所,让学生在实践中真实又自由地感知和学习。该方法不仅促进学生的多方面成长,同时让他们在评价中学会表达、倾听、主持和沟通的能力,通过评价培育了学生的核心素养。

农村小学的核心素养评价体系的建构和实施,大致可以从评价目标、评价原则、评价内容和评价方法、评价表达等几个方面进行。评价目标要指向核心素养,涵盖核心素养诸方面,按低、中、高分段分层,符合学生身心成长规律。评价原则有以人为本、实事求是、普遍性与个别性相结合、与时代同步发展以及注重传统文化这五项。评价内容主要是学生核心素养六大项,即实践创新、责任担当、健康生活、学会学习、科学精神和人文底蕴。评价方法主要有日常考察,包括口头提问、日常观察等,以及必不可少的学期评价、毕业评价。评价表达主要有层次表现法,可分为优秀、良好、及格、不及格。另一种则是语言评论,对学生最近的表现进行口头的表述评价,不过要注意的是评价要适当采用鼓励性语言,客观地描述学生目前存在的不足以及发展的潜力(刘士荣,2020)。

(四)突出核心素养培养实践作用

对随机抽取的几位学生进行访谈,当被问到"根据教师课堂上所教的知识,你在日常学习生活中会做出相应以及正确的行为吗?请举个例子。"大部分的学生都能够明白实际行动应该与理论相符合,但是在实际生活中,却并没有规范自身言行举止的意识。理论与实际相结合,是教育必不可少的一部分,学生接受核心素养理念的学习后,能够自觉地表现出正确的行为,这才真正地达到了核心素养的培育目标。例如,为了培养勇于探究的核心素养,教师可以先让学生学习一些成功人士的案例,再要求他们在实践活动中完成某些事情(李海权,李春霞,2019)。知识与生活有着不可分割的联系,所以在生活中,可以鼓励学生运用所学的知识,如让他们周末陪着父母去购物,让学生参与到购物当中,让他们运用所学的数学加减来把每一笔账算清楚。这可以培养学生科学严谨的核心素养(王晓燕,2018)。学校方面,应贯彻教育部的相关要求,可以根据本地的特色或者是学校的特点,恰当地增加实践课程。要注意的是实践课程既要满足教育改革的要求,也要能体现核心素养的育人目标(黄彩英,2019)。

综合课程的教学当中,如在学习《清新空气是个宝》这一内容时,教师可以提前让学生对周围的空气污染做一个调查,然后小组内进行整理与分析,再由学生在课堂上进行小组汇报。在这个教学活动中,教师发动学生开展实践调查,对学生来说是非常珍贵的学习体验,在调查和展示过程中学生受到了触动,强化了环境保护意识,塑造了责任担当的核心素养。

总之,粤北农村小学生核心素养培养是粤北基础教育必不可少的重要方面。农村是粤北基础教育高质量发展的"低洼地",粤北基础教育高质量发展需要强化农村小学生核心素养培养工作。

第六章 粤北农村小学教师业余生活的问题及改进[①]

没有高质量的教师生活不可能拥有高质量的教育。教育部2022年工作重点提出,要将师资视为基础教育优先发展的首要资源,建设高水平专业化创新型教师,推动中小学校师资减负工作。叶澜等(2015)认为,没有教师生命质量的提升,就很难有高的教育质量;没有教师精神的解放,就很难有学生精神的解放;没有教师的主动发展,就很难有学生的主动发展。业余生活是教师高质量生活的基础,也是教师生命质量和专业发展的重要基础。如果本职工作与业余生活不平衡,教师业余时间被挤占过多,非但不利于教师身心健康发展,也不利于教师专业发展。尽管教师业余生活很重要,但是学界对教师业余生活关注并不多。郭浩(2007)对农村教师业余生活存在的问题、成因及对策进行了分析,关道权和张永保(2011)对高校女教师业余生活安排和体育锻炼制约因素进行了调查,徐爱斌等(2021)对川北地区乡村教师业余生活质量进行了分析。本章基于调查对粤北农村小学教师业余生活状况进行分析,对其问题及改进进行探讨,以期为粤北基础教育高质量发展尽绵薄之力。

一、研究设计

(一)概念界定

1. 业余

《现代汉语词典(第七版)》对业余的解释为:工作时间以外的;非专业的。本章所讨论的"业余"是第一种释义,这说明业余是一个时间概念。根据以上论述,业余应该是在工作和满足生活需求的时间之外一种轻松愉快的状态,可以在自由掌握的时间里,放松身心、培养兴趣爱好、做自己想做的事。

2. 业余生活

业余生活就是指人们充分利用工作时间之外的业余时间进行活动的日常生

[①] 清远市乳源瑶族自治县桂头镇中心小学谭锦钊参与了本章初稿撰写,特此致谢。

活。通常上班一族会在业余时间选择休息或者做一些和自己兴趣爱好有关的事情,如养花、养小宠物、打球、玩游戏等;学生群体的业余生活也叫课余生活,是指学生除学习时间之外的生活日常,学生通常会利用业余时间进行适当放松或者参加一些对自己有益的活动。

3. 教师业余生活

本书中的教师业余生活主要是指教师在自己可以自由掌握的时间里,放松身心、培养兴趣爱好,提高精神境界的生活状态。简单地说就是教师这个群体在自由的时间里做自己想做的事情。

(二)研究方法

其一,文献研究法。对小学教师、业余生活等方面的有关文献进行了搜集和整理;查阅了有关方面的书籍;对相关专家的论文进行了细致的研究,为接下来的研究奠定理论基础。

其二,问卷调查法。根据主题"农村小学教师业余生活状况研究",借鉴连静的《中小学教师休闲生活调查问卷》,并结合乳源县 B 小学的实际,将农村小学教师业余生活调查问题归类为业余生活认识、业余生活时间、业余生活方式、业余生活质量四个维度的内容,编制《农村小学教师业余生活调查问卷》。随机选取 B 小学 94 名小学教师为调查对象。本问卷分为两部分,第一部分是调查对象的基本信息;第二部分为从业余生活认识、业余生活时间、业余生活方式、业余生活质量四个维度编制的 20 道题,有 12 道单选题,8 道多选题。

调查样本中,男教师 19 人,占 20.21%;女教师 75 人,占 79.79%。中专学历的教师占 2.13%,大专学历的教师占 31.91%,本科学历的教师占 65.96%。28.72%的教师有 5 年及以下教龄,5.32%有 6~10 年教龄,8.51%有 11~20 年教龄,29.79%有 21~30 年教龄,27.66%有 30 年以上教龄。班主任 50 人,占 53.19%;非班主任 44 人,占 46.81%。任教小学一、二年级的教师占 18.09%,三、四年级的教师占 42.55%,五、六年级的教师占 39.36%。校级干部共 3 人,占 3.19%;中层干部共 9 人,占 9.57%;普通教师 82 人,占 87.24%。已婚教师 73 人,占 77.66%;未婚教师 21 人,占 22.34%。

其三,个案研究法。本研究以 B 小学为个例,研究的调查对象、观测的内容等都从这一个例学校出发。观察个例学校的教师业余生活的生活时间、业余活动、社交环境等方面的规律、变化,从而了解教师业余生活中所存在的问题,以此为基础,为农村小学教师提高业余生活质量提出恰当的策略与建议。

二、粤北农村小学教师业余生活的现状

（一）小学教师业余生活认识情况

小学教师对业余生活的不同认识，在不同程度上影响着他们生活的行为习惯、生活方式等。对小学教师业余生活认识分析如下。

第一，绝大部分教师重视业余生活。如图6-1所示，有28.73%的小学教师表示"很重视"自己的业余生活，表示"重视"的小学教师占64.89%，表示"不重视"的小学教师6.38%，没有小学教师表示对业余生活"一点也不重视"。

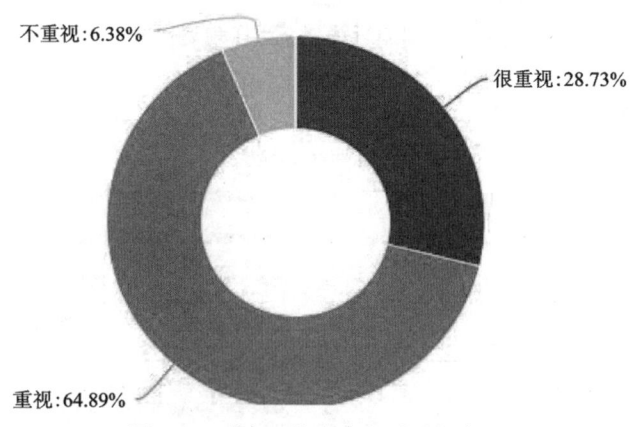

图6-1 对自己的业余生活重视与否

第二，大部分教师认真规划自己的业余生活。调查显示，农村小学教师对自己的业余生活规划情况的数据统计：对自己的业余生活"总是认真规划"的小学教师占32.98%，"偶尔认真规划"的小学教师占57.45%，"随意打发"业余生活时间的小学教师占9.57%（图6-2）。

第三，农村小学教师参与业余生活活动的目的较为明确。从调查的结果分析得出，绝大多数小学教师参与业余活动的目的明确，导向比较积极（图6-3）。

第四，绝大多数教师承认业余生活可以推动教师专业发展。如图6-4所示，认为业余生活可以促进教师专业发展的小学教师有90.43%，认为业余生活对教师专业发展无明显作用的小学教师有3.19%，说不清的有6.38%，没有教师认为业余生活对教师专业发展有负面影响。可见，绝大多数教师承认业余生活可以推动教师专业发展。

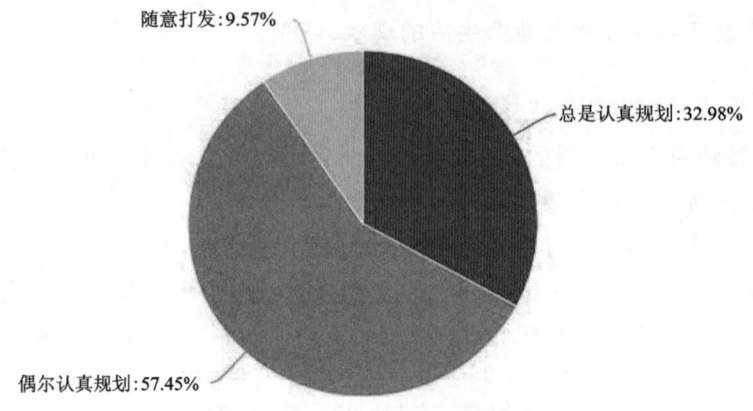

图 6-2 对自己的业余生活规划情况

第23题：您参加业余活动的目的是 [多选题]

选项	小计	比例
放松身心	89	94.68%
自我发展	42	44.68%
提高业务素质	25	26.6%
社会交往	31	32.98%
健康长寿	38	40.43%
无明确目的	6	6.38%
本题有效填写人次	94	

图 6-3 参加业余活动的目的

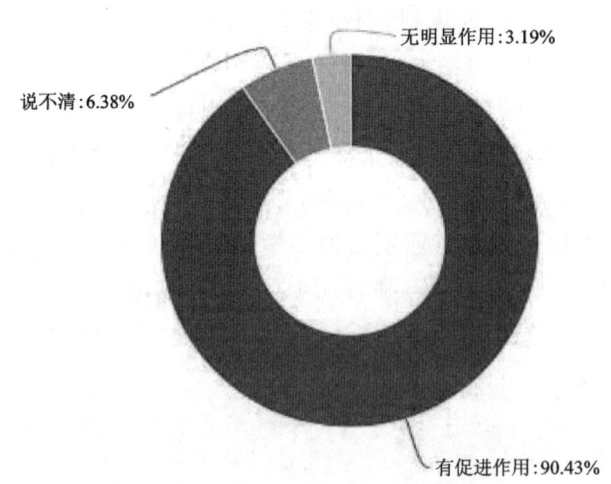

图 6-4 认为业余生活对教师专业发展的作用

如图6-5所示,70.21%的小学教师认为"愉悦精神"是业余生活活动的意义所在,20.22%的小学教师认为"消遣娱乐"是业余生活活动的意义所在,8.51%的小学教师认为业余生活活动是"自学提高"。可见,保持健康和消遣娱乐是绝大多数的农村小学教师认为业余生活活动的意义所在。

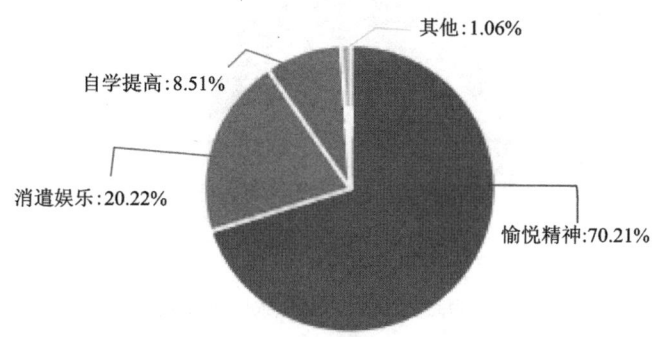

图6-5 认为业余生活活动的意义

第五,大部分教师认为业余生活能明显提升教师职业幸福感。"积极业余生活"对于人类的幸福生存具有日益重要的独特意义,业余生活对人的幸福具有多重价值——乐生价值、健康价值、审美价值、意义重构价值、全面发展价值和自由解放价值(王景全,2008)。可见,业余生活积极的价值和意义也能很好地作用于提高教师职业幸福感。调查显示,能认识到这一点的小学教师有64.89%,认为提升教师职业幸福感作用一般的小学教师有29.79%(图6-6)。可见,多数小学教师十分珍视业余生活带给他们的松弛与舒适之感。

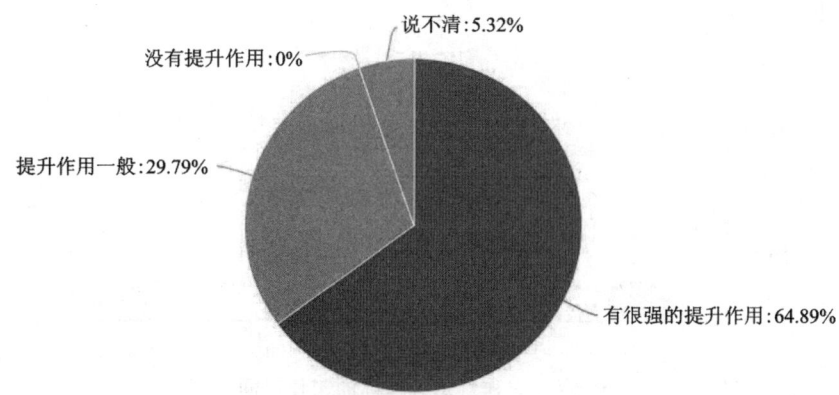

图6-6 认为业余生活对提升教师职业幸福感的作用

第六，有必要引导教师善度业余生活。53.19%的小学教师对"是否有必要引导教师善度业余生活"的回答是"十分有必要"，认为"必要"的小学教师为37.23%，认为"无必要"和"无所谓"的小学教师共占9.58%（图6-7）。

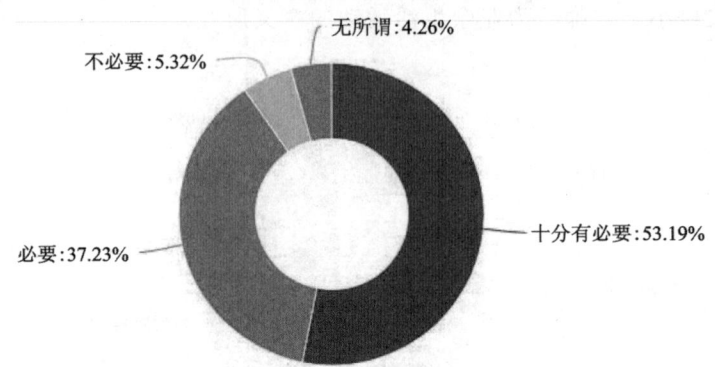

图6-7　认为是否有必要引导教师善度业余生活

（二）小学教师业余生活时间情况

时间是生活中最为重要的一部分，业余生活时间的多少、时间如何安排等都会对小学教师的业余生活有重大影响。对小学教师业余时间分析如下。

第一，8~9h是大多数小学教师工作日的实际工作时间，不少教师认为工作日的业余时间较为紧缺。如图6-8所示，工作时间在8h以下的小学教师为12.77%，在8~9h的小学教师为58.51%，在9~10h的小学教师为22.34%。工作时间在10h以上的小学教师最少，也有6.83%。工作时间为8~9h的小学教师数量是最多的。如图6-9所示，大多数农村小学教师工作日平均每天的业余生活时间为0~4h。

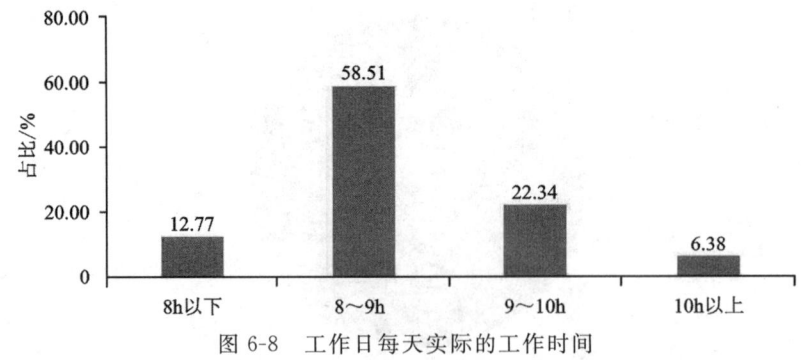

图6-8　工作日每天实际的工作时间

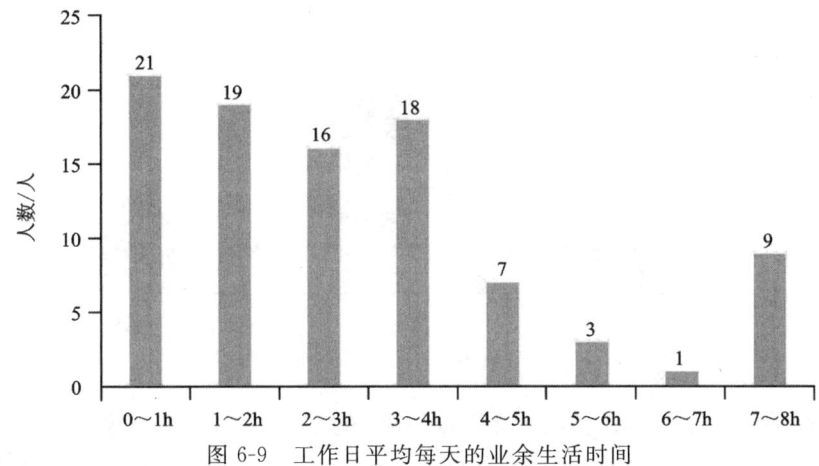

图 6-9　工作日平均每天的业余生活时间

第二,教师节假日的业余时间不丰裕,在节假日仍从事与工作相关的事情。如图 6-10 所示:有 29.78% 的小学教师在节假日中能拥有 9h 及以上的业余生活时间,有 29.78% 的小学教师业余生活时间在 4h 及以下。如图 6-11 所示,当问及"在节假日是否需要从事与工作相关的事情"时,表示"偶尔"的小学教师有 58.51%,表示"经常"的有 23.40%,仅有 18.09% 表示"没有"。

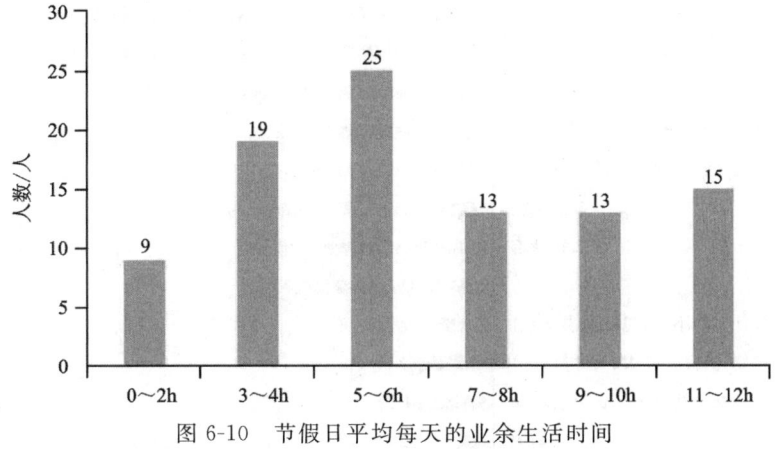

图 6-10　节假日平均每天的业余生活时间

(三)小学教师业余生活活动情况

小学教师的业余生活活动有什么、与谁一同进行都能反映出一位教师的业余生活状态。小学教师业余生活活动分析如下。

第一,教师业余生活中"最喜欢做"和"做最多"的事是冲突的。通过比较农

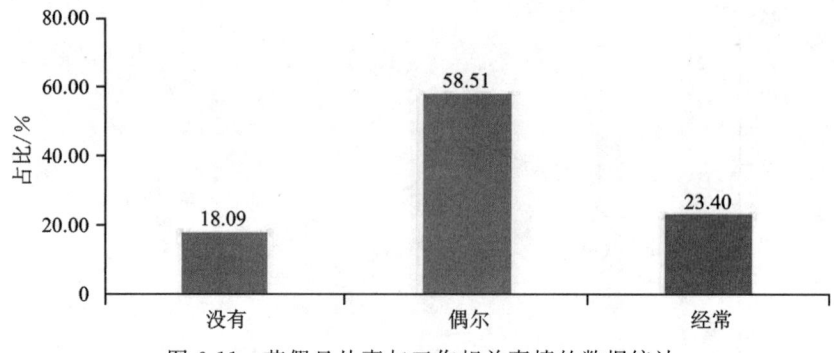

图 6-11 节假日从事与工作相关事情的数据统计

村小学教师业余时间"最喜欢做"和"做最多"的选项发现:"打理家务"作为排在第一位的"做最多"的事情,比"陪家人自由休息"作为排第一位"最喜欢做"的事情,要高 3.49%,这说明家庭工作对教师业余生活时间的占用较多(如图 6-12、图 6-13)。

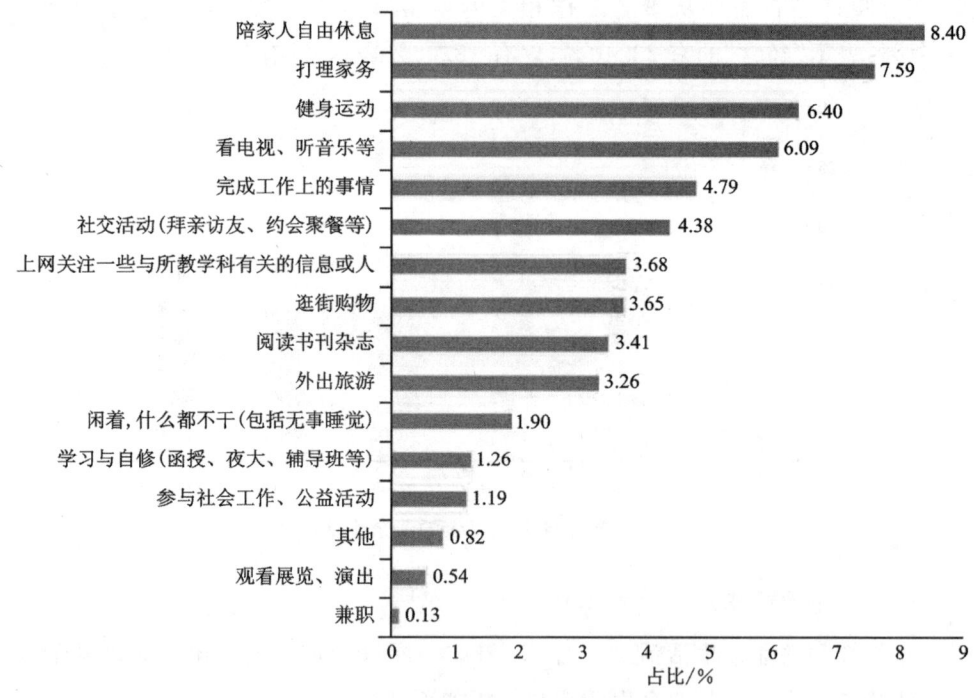

图 6-12 业余时间最喜欢做的事情

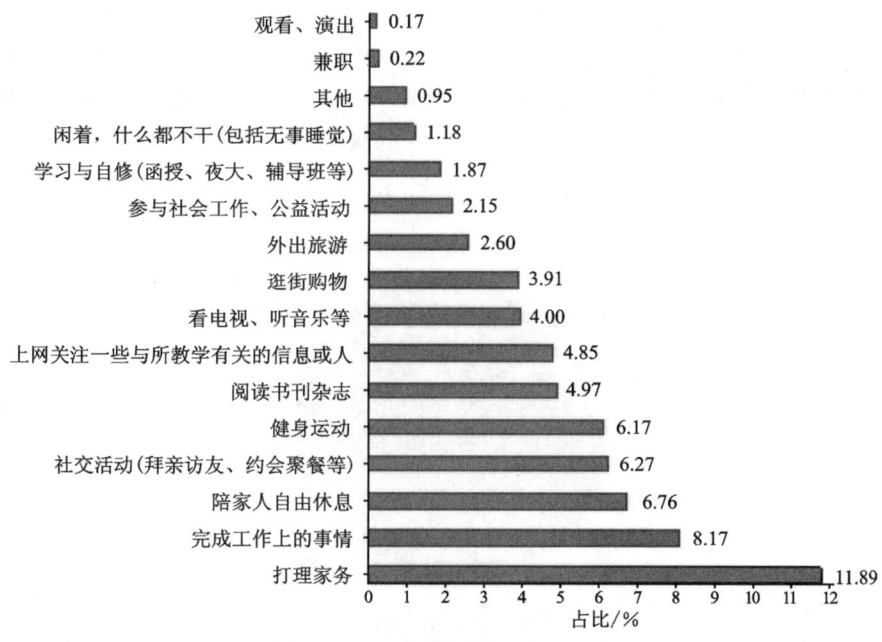

图 6-13 业余时间做最多的事情

第二,教师业余时间喜欢与自己亲近的对象共度。调查发现,农村小学教师的交往核心是家人、同学和朋友、同事。其中,家人占 56.17%,同学和朋友占 24.26%,同事占 18.30%,业余生活是轻松惬意的(图 6-14)。

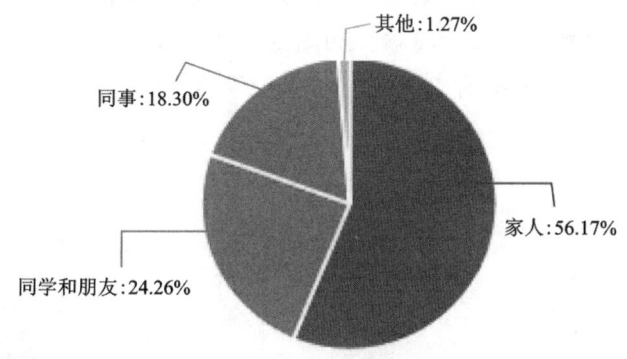

图 6-14 业余时间和谁一起

第三,教师的特长技能丰富。业余生活最重要的是自己能够自由安排自己的时间,使自己的生活充实起来,具有一定的意义。它与盲目地吃喝玩乐存在着极大的差别。人们是否能正确应用、合理计划与安排业余生活时间对业余生活质量的高低有着十分明显的影响作用。要提高业余生活的水平、质量,掌握相应的修养和技能必不可少(董长云,2006)。本次调查结果显示,认为自己在业余生活活动中擅长歌舞才艺的教师不少,有 23.61%,擅长体育运动项目的教师有 30.00%,擅长烹饪的教师有 31.06%,5.7% 的教师喜欢演奏乐器,6.02% 的教师热爱书法绘画,2.31% 的教师精于园艺布艺(图 6-15)。

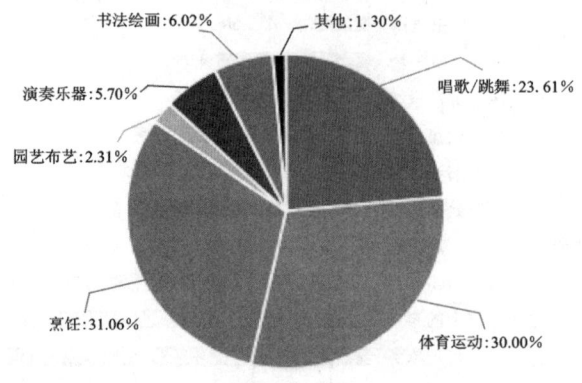

图 6-15 教师特长

(四)小学教师业余生活质量情况

大部分教师在主观上是比较满意自己的业余生活质量的,但客观上来说,农村小学教师的业余生活地域相对狭窄,交通的不便更是限制了其活动范围。随之而来的便是业余生活内容相对单一。这种种因素叠加起来不利于农村小学教师业余生活质量的提升和专业发展。如图 6-16 所示,"不满意且期待改善"当前业余生活的农村小学教师有 27.66%,"比较满意"的有 52.13%,"满意"的有 17.02%。

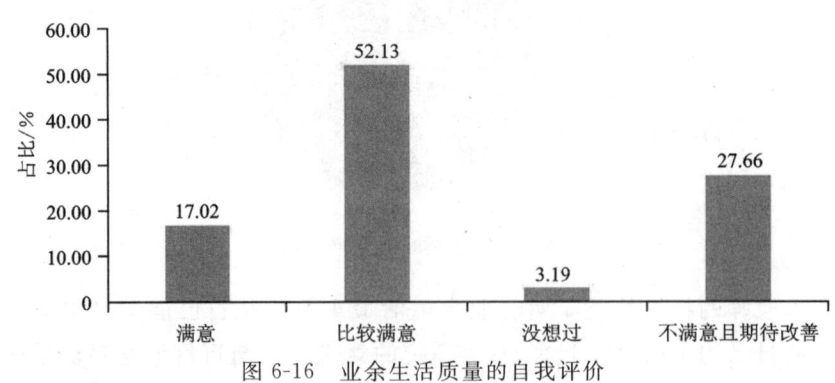

图 6-16 业余生活质量的自我评价

三、粤北农村小学教师业余生活的问题

从以上数据分析出的结果来看,粤北农村小学教师的业余生活在各个方面上的确存在着不同程度的问题。大部分教师受传统因素的影响,对业余时间的重视没有达到应有的程度。所以,现在农村小学教师的业余生活并不乐观。依据上述调查结果,农村小学教师的业余生活主要存在业余生活时间难以保证、业余生活活动方式单一以及业余生活水平质量不高三个方面的问题。

(一)业余生活时间难以保证

这是农村小学教师业余生活中比较突出的问题。在调查中显示,有78.72%的教师工作日的平均业余生活时间在4h以下。

在调查中有26.6%的教师认为自己的业余生活时间太少,需要或非常需要更多的业余生活时间的教师有87.23%。业余生活最需要的是时间,时间是业余生活不可或缺的一部分。教师业余时间不足的问题除了有教师自身的原因之外,也有学校和教学体系的原因(图6-17)。

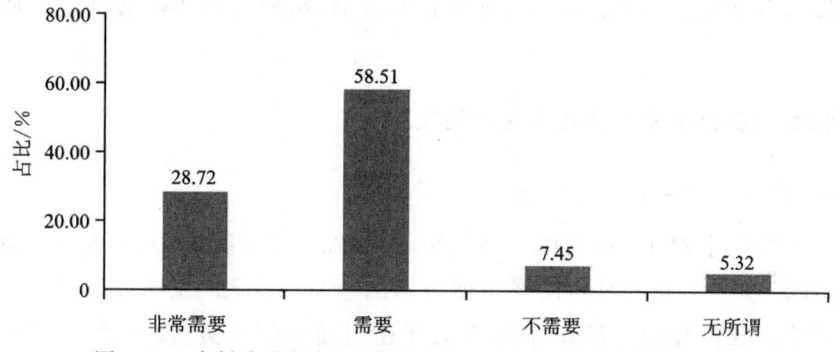

图6-17 农村小学教师是否需要更多业余生活时间的数据统计

调查显示,8~9h是大多数小学教师工作日每天的实际工作时间。可见,小学教师的工作强度不比其他行业的小。在乳源县B小学,在这样高强度的工作之外,大部分教师还承担着午托、晚托的任务,对学生进行课外辅导。从这一点不难发现,农村小学教师的业余时间被严重挤占。

(二)业余生活活动方式单一

研究业余生活活动时,根据其结构的复杂性及研究角度不同,采取了不同的划分方法。在小学教师业余时间"做最多"事情的数据统计前6项中(图6-13),很明显可以看出农村小学教师的业余时间都集中在处理家庭事务和工作事情上,像观看展览、演出,外出旅行等活动都很少参与(王练练,邵艾群,2022)。

造成这种现象的原因有很多,居住场所周围的环境对此有着不小的影响。跟不上时代的生活设施、狭窄的生活地域等,限制着农村小学教师的业余生活方式。农村小学教师们只能从事一些简单的、方便的业余生活活动。这种生活也让很多教师的健康堪忧。

(三)业余生活水平质量不高

农村小学教师较少出现在大众的视野中,缺乏关注,这意味着,社会的文化建设可能会较少甚至忽略农村小学教师这一群体。农村小学教师的业余生活难以得到社会条件的支持。除了客观条件的限制外,农村小学教师的主观意愿对其自身的业余生活水平质量也有很大的影响。现实生活中,农村小学教师业余生活方式单调,缺乏个性和品位,甚至趋于低俗。个别教师在社会不正当意识形态和价值观的负面影响下,片面贪图享乐、追求低级趣味,盲目比较,导致出现了倦怠、打麻将、沉迷网络游戏,甚至饮酒等会产生负面影响的现象。可见,一些农村小学教师在现实业余生活中的行为明显腐坏了思想、损害了自身的身心健康。如果不引导、不及时改善这种消极的业余生活状况,农村小学教师的专业能力会停止进步,危及农村小学教师的专业成长和发展,阻碍农村小学教师生活质量的提高。

四、粤北农村小学教师业余生活问题成因

(一)繁重工作压缩业余时间

2021年7月24日,中共中央办公厅、国务院办公厅印发《关于进一步减轻义务教育阶段学生作业负担和校外培训负担的意见》(简称"双减")。"双减"政策指出,要全面压减作业总量和时长,减轻学生过重的作业负担。虽然"双减"新政让学生、家长的负担减轻了,但不可否认的是它在某种程度上强化了学校教育主阵地的作用,加大了教师的工作强度、压力和责任,这是无法回避的现实。无论是"减负提质",还是做好课后服务,乃至让"双减"达成实质性目标,取得绝对性成效,教师都是关键者,也是生力军。在"双减"之前,由于受诸多方面的影响,教师工作时间过长,业余生活时间太少的问题已日益凸显。调查期间,从教师们口中了解到,乳源县每个小学都急需教师,教师"供不应求"。因为农村小学教师数量少,学校课程数量多,时间安排紧,所以农村小学教师不得不挤出更多的时间来工作,相应的业余生活的时间就会不可避免地减少。"双减"之后,随着工作时间的加长,责任的加重,压力的加剧,隐形工作量的加大,农村小学教师不得不进一步减少业余生活。

（二）意识淡薄削减业余活动

业余活动需要一定的场所以及设施的供给。对小学教师来讲，业余生活资源是缺乏的。一是学校的业余生活资源较少，从调查 B 小学来看，学校为教师准备的文化福利主要有免费上网、体育活动室。二是农村业余生活资源的紧缺。农村到县城的交通不便，活动范围受限导致农村小学教师业余生活缺乏资源。农村小学教师没有较近的场所和设施进行业余活动，缺少玩伴，也给小学教师开展业余生活带来了不少的困难。

在调查中发现，虽然大部分小学教师都能意识到业余生活的重要性，知道良好充实的业余生活能够给自身带来不少的益处，但大部分教师主动改变当前业余生活现状的意识十分淡薄，处于一种得过且过的状态，缺乏改变现状的动力与方法。教师要想拥有高品质的业余生活，就必须拥有更好的业余生活意识。只有拥有良好的业余生活意识，才能度过美好的业余时间，提高生活品质。

（三）综合因素降低业余质量

除了以上提到的原因之外，还有各种综合因素影响着教师的业余生活质量。由于教师职业的特殊性，工作中的身体疲劳或因工作引起的身体疾病也是业余活动的重要障碍。身体疲劳或疾病导致不愿或无法参加业余活动，从而形成恶性循环，这样是无法提高业余生活质量的。在校工作期间，小学教师缺乏体育锻炼，缺乏接触自然和社会的机会，回家只想安安静静地休息，这种做法大大降低了业余生活的质量。此外，每个人都有自己特殊的家庭情况，家庭结构和家庭关系等可能会成为阻碍个别教师开展业余生活的因素。

五、粤北农村小学教师业余生活的改进

（一）减少非必要任务

时间是业余生活活动中的首要因素，时间是进行业余生活的保障。一方面，要减少教师在业余时间的工作任务。各级政府要严格禁止与教育教学无关的事情干扰学校工作，赋予学校和教师对不合理工作说"不"的权利，切实减轻教师的非教学负担。业余时间是用来放松身心的，因此，在业余时间工作不仅效率低下，而且占用教师的业余时间会影响下一步的正常工作。此外，家长也应为小学教师着想，尽量避免在教师非工作时间进行不必要的接触，以便教师可以在空闲时间释放和充电，为新一轮工作做好准备。因此，在教师的业余时间务必减少工作的时长，使教师能够充分利用业余时间，为日后的工作储备精力。另一方面，增加教师编制，减轻教师教学负担。"双减"之后，教师工作时间延长。为了应对

这增加的工作量,可以考虑增加教师的编制,增加教师数量。如果这一问题得不到解决,不堪负重的教师可能会因为工作压力而离职,"双减"的压力不减反增。所以,要确保业余时间充足,就需要减少非必要任务及增加教师编制。

(二)业余活动多样化

教师的业余生活往往受到社会身份的限制。他们认为自己只能参加以知识为基础的业余生活活动,但事实并非如此。教师必须培养、丰富自己的兴趣爱好。教师可以参加一些自发的活动,如爬山、骑自行车,甚至可以做一些志愿服务,丰富自己的阅历等。

教师的团体活动不仅可以增进教师之间的交流,也可以在一定程度上使教师团体更加团结,增强彼此之间的默契和凝聚力,提高工作效率。这就需要学校做好教师业余生活的规划,为教师团体业余生活提供良好的环境保障。教师的业余兴趣爱好丰富起来,活动多样了,业余生活得到满足后才能更好地完成工作。

(三)拓宽生活领域

各方面的因素综合起来影响着小学教师的业余生活质量,要提高业余生活质量除了以上提出的建议,还需要教师勇敢踏出生活的舒适区,这需要社会、政府等提供支持。教师在生活的各个方面、衣食住行上尝试着接触更多的新事物;时间上努力争取;空间上不要偏居一隅,世界那么大,就需要去探索新世界、去增长见识。社会、政府为小学教师提供的最大支持莫过于改善他们的生活环境。教师在家待的时间仅次于在学校待的时间,在家的业余生活在小学教师的业余生活中占有相当的比重。但是从现实情况来看,教师参加居住地业余活动的不多。一是因为家或者村委组织的活动不多;二是因为教师自身的原因,不乐意参加。这就要求当地政府部门加强对当地群众业余生活的重视程度,结合当地的实际情况完善业余生活场所和设施。业余生活场所和设施对于业余生活来说是必要条件,有好的场所和设施就有好的业余生活选择,这样就会提高他们的业余生活质量,也会改变业余生活方式单一的现状。所以在业余生活这一问题上,政府及相关部门的支持是很重要的。

总之,高质量的业余生活是农村小学教师专业发展和生命质量的基础,也是粤北基础教育高质量发展的重要议题。粤北基础教育高质量发展,需要关注农村小学教师的业余生活,提高其生命质量。

第七章 粤北农村小学课后服务的问题及改进[①]

课后服务不仅有助于解决小学生课后看护问题,培养学生兴趣、发展学生个性,还可以惠及更多家庭,促进教育平等(阎亚军,李赤,2016)。2017年教育部正式印发《关于做好中小学生课后服务工作的指导意见》指出,学校要充分发挥中小学作为课后服务主要渠道的作用,努力承担起对学生课后服务的责任,善用人员和场地。随后,课后服务成为学界研究的热点。郭静和车丽娜(2019)、屈璐(2019)、张亚飞(2020)分析介绍了英国课后服务的运行模式、日本课后服务的路径与机制、主要发达国家中小学课后服务;顾艳丽和罗生全(2018)、崔晴和赵雄辉(2018)、李醒东等(2020)分别研究了中小学课后服务政策价值、促进小学生课后服务健康发展和策略、义务教育阶段学生课后服务。比较而言,目前研究主要关注城市学校课后服务,对特定区域农村小学课后服务研究缺如。本章旨在研究粤北地区农村小学生课后服务现状,找出课后服务存在的问题,并提出改进问题的建议,期有助于促进粤北基础教育高质量发展。

一、研究设计

(一)概念界定

自教育部出台《关于做好中小学生课后服务工作的指导意见》后,教育学术界关于课后服务内涵的研究不断增多。胡劲松和吴会会(2016)提出,从法律上来说,课后服务是家长以合同的形式将学生部分监护责任交给学校,其本质是一种委托监护权。顾艳丽等(2018)认为,课后服务是有针对性、有计划、有组织的特殊教育形式的一部分,可以解决学生放学后的难题。Ascher等(2006)收集了美国的课后教育服务信息,发现课后服务主要包括教师咨询,假期学校和在线辅导。我们认为小学课后服务,指学生家长因某种原因自愿在放学时间将学龄儿童委托给学校,学校为学龄儿童提供课后看护、兴趣爱好培养等方面的活动,以促进其身心健康的发展。

[①] 韶关市乐昌市两江镇中心学校蔡秋萍有参与本章初稿撰写,特此致谢。

（二）研究方法

其一，文献研究法。本研究以"课后服务"和"课后托管"为关键词，利用CNKI和万方网检索文献，搜集整理各种文献，了解相关理论和背景知识。

其二，问卷调查法。本研究通过自编问卷，面向粤北农村小学教师和家长通过问卷星在线发放、在调查现场发放问卷，以对粤北农村小学课后服务基本状况进行全面了解。调查的对象主要是教师和家长，问卷的设计主要包括调查者基本信息、课后服务认知状况、课程内容、师资结构、保障条件及课后服务评价与需求。本次调查共发放问卷225份，回收教师问卷100份，其中无效问卷2份；回收家长问卷125份，其中无效问卷5份，共计回收有效问卷218份，问卷回收率为96.9%。

其三，观察研究法。观察法适用于课后服务工作的研究。在调查中采取参与式观察方式，主要从课后服务活动开展的场地、服务内容、教师的构成、课堂管理等几个方面进行观察。

其四，访谈调查法。为深入了解粤北农村小学实施课后服务的情况，使研究更具体且具备说服力，本研究自编教师访谈提纲和家长访谈提纲，从小学中选取教育工作者20名、家长10名进行深入访谈。访谈问题围绕课后服务认知状况、课后服务课程内容、课后服务师资内容、课后服务保障条件、课后服务实施效果等几个方面展开。

二、粤北农村小学课后服务的现状

（一）课后服务认知状况

认知观念影响着课后服务工作，而与课后服务关联最为密切的当属家长和教师，因此这两者的认知情况对课后服务的进行至关重要。本次研究以218名学生家长和教师为研究对象，调查其对课后服务的认知状况。

1.家长的认知

家长对课后服务的理解或认识程度，能够在一定程度上反映课后服务的开展状况。在家长问卷项"您对学校课后服务的理解是"中，有40.0%的家长认为课后服务是进行作业辅导，认为课后服务可以"解决家长接送难题"的有15.8%，认为课后服务是"对学生进行课后看护"和"培养学生兴趣爱好"分别占比31.7%和12.5%。在访谈学生家长A时，她表示："由学校负责课后服务，教师进行服务工作，我们将孩子放在学校特别放心，可以有更多的时间和精力做工作上的事。"由此可见，学生家长对课后服务的理解倾向于辅导学生完成作业及进行安全看护,也存在一部分家长认可利用课后服务培养学生兴趣,发展特长(表 7-1)。

表 7-1 家长对课后服务的认知

题目	选项	人数/人	百分比/%
您对学校课后服务的理解是	完成作业辅导	48	40.0
	对学生进行课后看护	38	31.7
	解决家长接送难题	19	15.8
	培养学生兴趣爱好	15	12.5

选取 17 名粤北农村小学学生家长就"您个人如何看待课后服务"问题进行访谈。在访谈中了解到学生家长普遍支持学校开展课后服务,然而对课后服务的理解大都停留在可以辅导作业和进行基础的看护阶段,认为学校可提供安静的环境让学生及时完成作业和解决学习难题,对课后服务能培养学生兴趣、发展特长的认同感较低,见表 7-2。

表 7-2 家长对课后服务的理解

题目	选项	人数/人	访谈片段
您个人如何看待课后服务	作业辅导	8	参与课后服务可以为学生提供一个适合的学习环境,让他们能够按时完成作业并解决疑难
	课后看护	6	课后服务的初衷是解决家长接送难题
	兴趣爱好	3	可以组织他们参加舞蹈歌唱等活动

2. 教师的认知

教师对课后服务的认知影响着课后服务的实施效果。选取 98 名教师对课后服务的认知状况进行调查,在教师问卷项"您认为学校开展课后服务是否有必要"中,80.6%的教师认为有必要,仅有少部分教师选择不太必要和不必要。"您对目前学校开展课后服务的理解是"中,有 36.73%的教师认为课后服务可辅导学生完成作业,认为课后服务可解决家长接送难题和对学生进行课后看护的占比分别为 11.23%和 32.65%,还有 19.39%的教师觉得课后服务可培养学生兴趣爱好。据此可以得出,绝大部分教师支持学校开展课后服务,然而部分教师将课后服务理解为进行课后看护及辅导学生作业,较少认同课后服务可培养学生兴趣爱好(表 7-3)。

表 7-3 教师对课后服务的认知状况

题目	选项	人数/人	百分比/%
您认为学校开展课后服务是否有必要	非常有必要	39	39.79
	有必要	40	40.81
	不太必要	14	14.28
	不必要	5	5.12
您对目前学校开展课后服务的理解是	辅导学生作业	36	36.73
	对学生进行课后看护	32	32.65
	解决家长接送难题	11	11.23
	培养学生兴趣爱好	19	19.39

(二)课后服务课程内容

潘辰午、任娇旸(2021)认为,课后服务的功能和价值取向是满足学生个性化发展及促进教育公平。学校开展课后服务是利用放学后的时间,在良好的教育环境中开展各类活动促进学生的综合发展。通过调查发现,粤北农村小学课后服务多以丰富学生课外活动,培养全面发展的学生为目标制定活动。

表 7-4 学生参与课后服务内容

题目	选项	人数/人	百分比/%
您孩子参与课后服务的主要内容为	完成作业	66	55
	参加美术等兴趣班	36	30
	进行体育活动	10	8
	其他	8	7

在家长问卷题项"您孩子参与课后服务的主要内容为"中,完成作业和参加美术等兴趣班分别占 55% 和 30%,另外有 8% 的学生进行体育活动。A 小学每周有 4 次课后服务,其中作业辅导班和兴趣班同时开设。兴趣班包括舞蹈、绘画、书法、合唱、篮球、足球等多个兴趣课程。从托管的形式来看,粤北农村小学大都采用走班制,作业辅导依据安排进行,如将 1 班、2 班的学生凑成一个辅导班进行服务;而兴趣班则打破班级、年纪的壁垒,学生自愿选择喜欢的课程,统一安排到功能室进行教学。在调查中不难发现,粤北农村小学普遍将辅导作业和书

法作为主要的课后服务内容,出现这类情况的主要原因有:一方面,政策明令禁止学校利用课后服务时间进行"补课",学校方面也不允许教师将课堂知识带入课后服务中;另一方面,由于专业师资力量弱及管理不易等,学校方面组织规范化的兴趣发展班较为困难。调查可知,现行的课后服务内容符合家长的期待,但这并不一定适合学生的个性化发展。

项建达、项爱琳(2018)等通过问卷调查,对浙江某小学家长课后服务的需求进行了考察,数据显示,家长需求水平达到73.3%。在此次调查中,我们可了解到绝大部分家长有课后服务的需求。关于"您希望孩子可以参与哪些课程内容",家长普遍支持的课后服务内容是辅导作业,占58.33%,还有25.00%和10.00%的家长认同培养兴趣和进行体育锻炼。显然在课后服务活动设置方面,家长和教师最为赞同的是辅导学生完成作业。

表 7-5 课后服务内容需求调查(多选)

题目	选项	人数/人	百分比/%
您希望孩子可以参与哪些课程内容	辅导作业	70	58.33
	兴趣课程	30	25.00
	进行体育锻炼	12	10.00
	进行课外阅读	8	6.67

(三)课后服务师资结构

调查显示,师资力量是影响家长选择课后服务的一个重要因素。通过问卷收集的教师基本信息可知,学校科任教师是课后服务工作的主力,参与课后服务的教师按照学校的安排实行轮流看班。在调查的98名教师中具有本科学历的占78%。教师参与课后服务的频率如表7-6所示,21.4%的教师每周参与1~2次课后服务,65.3%教师每周参与3~4次课后服务,每周参与课后服务4~5次的教师占比为13.3%。在调查对象中,任教语数外的教师占88%,仅有12%的音体美教师。学校管理者表示学校本就缺乏音体美、科学等科目的教师,参与课后服务的更是少之又少,目前小学课后服务师资难以促进学生的兴趣特长发展。

通过访谈学校管理人员,可知目前粤北农村小学课后服务师资较为缺乏。粤北农村小学地理位置较为偏僻,经济发展较珠三角等地区落后,与高校间缺少联系,因而大学生志愿者及实习生多半不愿意来此进行服务或实习;加上学校教师大都年纪较大,为有更多时间照顾家庭,参与课后服务的意愿不高。在如何解决师资问题上,A 小学管理者提到政策中提倡的"社会机构和学校共同开展"。他表示"目前本校课后服务实施主要是由第三方机构贝贝课堂承担,由机构聘请本校科任教师和引进机构工作人员作为课后服务的教师。"

表 7-6　教师参与课后服务的频率

题目	选项	人数/人	百分比/%
您目前每周参与课后服务的次数为	1～2 次	21	21.4
	3～4 次	64	65.3
	5～6 次	13	13.3
	7 次以上	0	0

黄珍珍等(2016)调查广州某小学家长对课后服务的需求发现,大多数家长都认可学校教师承担课后服务工作,并希望借此丰富学生的课余生活。为了更好地摸清家长对于师资的倾向,在家长问卷项"您希望谁负责开展课后服务"中,调查结果显示 61.7% 的家长支持由学校科任教师担任,希望引进第三方机构教师、高校专家、家长志愿者的分别占 30.8%、1.7%、5.8%(表 7-7)。

表 7-7　家长对课后服务师资的期望

题目	选项	人数/人	百分比/%
您希望谁负责开展课后服务	学校科任教师	74	61.7
	第三方机构教师	37	30.8
	高校专家	2	1.7
	家长志愿者	7	5.8

通过访谈可知,家长更为信任学校科任教师,原因主要是学校科任教师更具备责任意识、专业素养。更有家长建议由班主任和科任教师搭班共同开展班级课后服务工作。

总之,在课后服务师资构成上,家长最为支持学校科任教师作为课后服务的组织者,另外也有部分家长表示支持社会第三方机构参与学校课后服务来缓解师资问题。据调查,粤北地区课后服务师资较匮乏,但引进校外资源有较大难度,原因有:一是校外优质资源较少,符合要求的更是少之又少;二是目前没有相关政策制度的要求,若引进外来人员意味着学校承担的社会责任更大。

(四)课后服务保障条件

课后服务的顺利实施需要各项条件的保障。本部分重点对粤北农村小学现行的经费保障制度和安全责任制度进行调查。

1. 经费保障制度

从对学校管理者的访谈中了解到,目前政府及教育主管部门并没有拨专门费用作为学校课后服务的经费。学校将课后服务工作委托给第三方社会机构,机构收取费用用于管理、水电费、教师补贴等。如B小学采取社会第三方负责制,校外机构经过一定的资格验证,进入学校,并租用学校的课室、功能教室,聘用学校科任教师进行课后服务工作。课后服务费用为一个学期595元,此外如若有课间餐还需另外收费。对于费用的标准,绝大部分家长表示满意。在家长问卷"你认为目前学校课后服务的收费标准是否合理"中绝大部分家长认为课后服务收费合理,仅有极少数的家长觉得课后收费不合理(表7-8)。在访谈中家长普遍表示,收取一定数额的服务费用是可以理解的;部分家长提出若学校能够在服务时长、课程内容等方面满足需求,可适当增加服务费用。

表7-8 家长对课后服务收费态度

题目	选项	频数/次	百分比/%
你认为目前学校课后服务的收费标准是否合理	合理	69	57.5
	比较合理	43	35.8
	不太合理	5	4.2
	不合理	3	2.5

2. 安全责任制度

学生参与课后服务意味着他们有更多的时间在学校,学校将对学生的安全承担更大的责任。接受采访的学校领导者表示,学校有适当的安全责任制度。

在课后服务实施之前,学校组织班主任会议,然后每个班主任组织家长座谈会,讲解课后服务的情况,并统一发放《告家长的一封信》,向家长告知学校课后服务的收费标准、活动内容及校园安全保障措施等各方面的情况。如B小学在《告家长的一封信》中提出服务内容有:中午托管(午餐、午睡)、下午放学后托管(作业辅导、舞蹈班、书法班、体育活动等)、拟服务时间等。正式开展课后服务时,则由课后服务领导小组负责监督教师到班、值日工作等。为方便管理学生,学校不允许学生提前离校,课后服务时间结束后,家长在固定的接送地点等待学生离校。在调查中了解到大多学校都已制定了详细的《安全管理应急预案》。学校教师作为课后服务的参与者,其对学校安全责任制度的了解程度能够反映学校安全制度的落实情况。在教师问卷项"您对学校课后服务安全责任制度的了解程度为"中,选择非常了解和比较了解的教师共有 65.3%,仅有 14.4% 的教师表示了解程度不深。

表 7-9　教师对安全责任制度的了解程度

题目	选项	频数/次	百分比/%
您对学校课后服务安全责任制度的了解程度为	非常了解	30	30.6
	比较了解	34	34.7
	一般	20	20.4
	不太了解	12	12.2
	不了解	2	2.2

(五)课后服务实施效果

1. 学生的收获

作为课后服务的关键参与者,学生的变化有效地反映了课后服务工作的效果。在问卷题项"参与课后服务后的效果如何"中,80% 的家长和 77% 的教师认为学生参与课后服务后可以完成作业,75% 的家长和 71% 的教师表示学生的学习积极性提高,认为学生在课后服务中培养兴趣爱好的家长和教师分别占 24%和 19%,另外有 4%的家长和 6%的教师表示学生参与课后服务后无明显变化,如图 7-1 所示。

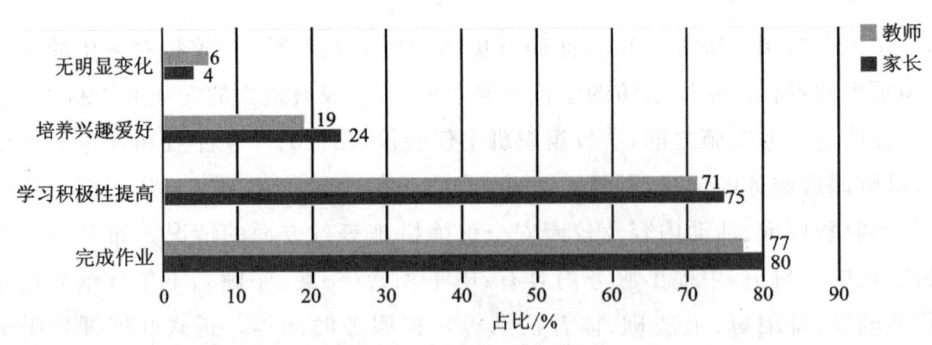

图 7-1　学生参与效果调查

学习效果的显现是一个潜在的、渐进的过程,为全面把握学生的参与效果,选取部分教师和家长进行访谈(共35人)。对"您认为参与课后服务对学生有什么影响"的访谈结果进行分析,将提及的核心概念进行总结,可看出超过半数的教师和家长表示参与课后服务可使学生在完成作业、学习习惯、兴趣培养等方面有较大的进步(表7-10)。值得一提的是,部分家长和教师认为课后服务并不能够促进学生的个性发展,更有个别家长认为课后服务可能会加重学生的负担。

表7-10 家长和教师对课后服务效果的评价

题目	选项	人数/人	访谈片段
您认为参与课后服务对学生有什么影响	完成作业	13	孩子一般不会把作业带回家;学生基本在校完成作业
	学习习惯	8	孩子学习习惯变好了,回家后会自己看书
	同伴交往	3	孩子变得更加开朗活泼了,交到了许多好朋友
	兴趣培养	9	学生在教师的指导下,进行绘画、舞蹈等活动,发展了一定的兴趣爱好
	负担增加	2	有些孩子上了一天学还得待在学校,会产生厌学情绪

2. 家长的评价

题项"你对学校课后服务工作评价如何"中,超过六成的家长满意度较高,仅有少数家长表示不满意(表7-11)。另外,调查"你愿意让孩子下学期继续参加课后服务"中,结果显示74.2%的家长明确表示愿意让自己的孩子继续参加课后服务,17.5%的家长选择不确定是否参加。

总而言之,粤北农村小学课后服务工作整体效果较理想,得到家长的较多好评,但仍然需要不断完善,提高服务质量。

表 7-11　家长满意度和继续参与意愿调查

题目	选项	人数/人	百分比/%
你对学校课后服务工作评价如何	十分满意	32	26.7
	较为满意	41	34.2
	一般满意	36	30.0
	不满意	11	9.1
你愿意让孩子下学期继续参加课后服务吗	愿意	89	74.2
	不确定	21	17.5
	不愿意	10	8.3

三、粤北农村小学课后服务的问题

（一）家长对课后服务存在认知误区

开展课后服务的最初目的是缓解家长接送难的问题，鼓励学校利用课后时间组织开展各类活动来培养学生的兴趣爱好，促进学生的身心健康发展。绝大部分家长对学校开展课后服务工作持支持的态度，认为学校在师资、设施设备、安全管理等方面有着优势，可以给学生创造一个良好的课后环境。然而在研究过程中发现，部分家长的课后服务认知存在误区，具体表现为，部分学生家长对课后服务的需求与政策方向不符。一方面，有家长认为课后服务是学校课堂的延伸。在访谈中有家长提出"课后服务应以作业辅导为重点，对孩子进行当天知识点的巩固，提高孩子的学业成绩后再考虑发展兴趣爱好。"这与吴开俊、孟卫青（2015）等的调查结果相似，在考察广州小学生的课后服务需求时，发现学生家长在服务内容上倾向于对学生进行学业辅导。另一方面，部分家长对引进师资认知差异较大。学生家长十分信任学校教师，认为学校教师对孩子的学习状况、性格品质等较为了解，自然地认为学校教师是课后服务工作的最佳执行者，对校外机构工作人员认同度较低。在家长问卷题项"您的孩子没有参与课后服务的原因"中，部分家长因课后服务教师不是自己孩子的科任教师从而拒绝参与学校课后服务。

（二）学生对课后服务内容缺乏兴趣

马莹、曾庆伟（2018）提出课后服务能够满足学生个性化需要及关照学生的学习进步等。课后服务的总体目标是通过举办活动使学生能够得到安全看护，并提高其整体素质。根据课后服务的总体目标,课后服务的内容应有家庭作业、体育活动、兴趣班等。例如,江苏省课后服务的内容主要包括五个主题:一是辅导作业,二是开设兴趣班,三是组织专题教育,四是进行课外阅读,五是依据学校实际开展特色活动。在此次调查中,C小学可供学生选择的课后服务内容较有限,大多数学生在写完作业后自己读书或画画。即使学校对课后服务的内容做了一些尝试,如开设绘画班、舞蹈班、篮球课等,但还是无法做到与学生个性化需求相结合。C小学的教师在接受采访时表示"将学生集中管理对学校来说比较方便,但这不利于组织学生开展各种兴趣活动。"大多数学校为了管理方便,降低安全风险,通常采取集中管理的方法,由一名教师看护20~35名学生。

(三)学校课后服务师资来源单一

师资力量是影响课后服务质量的重要因素,调查可知,目前粤北农村小学课后服务的教师主要是学校的教师。在研究过程中可以发现,部分学校虽然会与社会第三方机构合作引进机构人员作为课后服务的实施者,但学校教师仍然是开展课后服务的主力军。学校教师参与课后服务,一方面是因为教师是稳定的人员,不会被随意辞退,有利于课后服务工作的连续性;另一方面是因为校内教师素质较高,对课后服务政策文件、精神有较好的领悟,更便于课后服务工作的顺利实施。但仅依靠校内教师实施课后服务也不是长久之计。万晓(2010)指出,韩国在实施课后服务方面存在一些问题,如教师不愿意担任学校课后服务工作,校外引进的教师水平往往参差不齐。在粤北农村小学同样也存在这类现象。一方面,课后服务是一种持续的长期行为,需要学校教师的长期参与,另一方面,由于课后时间不属于正常的义务教育时间,许多教师将这类工作视为"加班",教师的积极性有所下降。在访谈中有不少教师提出需要引进校外专业人士,因为专业人士具有相关的资质,能够对学生开展具有针对性的服务。

(四)学校课后服务保障条件欠缺

学校在提供课后服务之初考虑更多的因素是满足基本教育的需求,因此将学校作为课后服务的场所,其水平难以达到标准。据调查虽然粤北农村小学的兴趣班内容丰富,如艺术类有绘画、舞蹈、唱歌及书法等,体育类包括篮球、足球、跳绳和素质拓展等,但是开展状况并不理想,体育类课程由不具备资质的教师进行教学;对于场所要求较高的课程,如舞蹈、书法等开展起来比较费劲。学生参与课后服务意味着在校时间延长,这无疑也增加了学校面临的安全风险,对学校安全管理机制是一个挑战。调查发现,课后服务的班级组织形式大多采用走班制,由学校统一安排教师进行教授,这就给教师掌握学生信息增加了难度,再加上学生请假、放学后接孩子的家长并不固定等情况,导致安全管理负担加重。在访谈 D 小学教师时,有教师表示,"考虑现实条件的种种因素,如设施设备、家长需求等,学校作为开展课后服务的主渠道无可厚非,但就我们而言,并不太希望学校负责课后服务。"据了解,课后服务期间由值日教师负责安全巡视工作,学校虽然十分重视,但有时候难免会出现安全问题,学生一旦在学校区域内出事,家长第一时间就会将责任归咎于学校,学校也难逃责任。因而随着课后服务的开展,学校愈发注重安全问题,对比服务内容的设计,看护学生保障安全似乎更为重要。

四、粤北农村小学课后服务的改进

(一)增强政策宣传力度,端正课后服务认知

自 2017 年教育部颁布《关于做好中小学生课后服务工作的指导意见》以来,各地方学校就在不断尝试开展课后服务。由于参与课后服务的主体庞大且复杂,各群体对于"课后服务"的认知存在差异。家校合作对学生成长、家庭和谐和学校发展具有重要价值(张伯成,2015)。基于此,学生家长对课后服务的正确认知对推进课后服务具有重要意义。笔者认为通过开拓课后服务宣传渠道,借助多种方式引导,可端正家长对课后服务的认知,以此促进课后服务的发展。

一方面可充分发挥家委会的作用。家委会作为家长与学校链接的纽带,其活动内容有家校相互支持与服务、家校联系沟通、家长参与学校活动和协助学校管理(熊熊,刘宇佳,2019)。在调研中了解到多数学校是以《告家长一封信》或者学生传达等方式宣传课后服务。这种自上而下传递信息的方式,使得家长很难充分了解课后服务,这在一定程度上导致课后服务信息缺乏透明度。因此,在提供课后服务的前期阶段,学校负责人员可以召开专门会议,将课后服务时间、费用和内容的初步计划适时告知家委会,充分尊重家长的知情权和选择权;会后以班级为单位收集关于课后服务的需求意见,酌情对课后服务进行改进。

另一方面借助班级微信群、学校公众号及地方电视台等多种媒介,进行课后服务政策的宣讲,让家长对课后服务的认识更为全面。例如学校教师可以通过微信群和家长保持联系,向家长阐释课后服务的目标,让家长明白孩子的健康快乐成长是最为重要的,重视孩子的全面发展。总而言之,要加强课后服务政策的宣传,让学生家长对课后服务形成正确的认识。课后服务不是对学生进行"课后辅导",而是集看护和素质教育为一体的惠民利民项目。只有家长有了正确的认识,才能够在恰当范围内提出合理诉求,积极配合学校课后服务工作。

（二）丰富课后服务内容，提高课后服务质量

课后服务的产生最根本的目的是解决"三点半"难题，为学生提供良好的环境对其进行看护。张伯成在《为破解"三点半难题"献言》一文中提到"后三点半时间"绝对不能成为课堂的延续，社会机构开展的特长班、才艺培训班等不能简单地引入校园。课后服务归根究底是学校教育的延伸，仍然具有教育性发展功能，因此课后服务内容不应当局限于看护学生，辅导学生完成作业，应该在此基础上开展形式多样的活动促进其身心健康发展，培养综合能力。

首先，学校应在服务内容上进行创新，同时考虑到学生的发展需要，为学生提供丰富的教育内容，保证学生可以从各种课后教育中进行选择。在落实课后服务文件内容的前提下，学校从自身条件出发，设计形式多样的服务内容。邱连英（2021）提倡要以校本课程个性化丰富课后服务的内容，在共建课程中发挥课后服务的育人价值，实现校本课程和课后服务共同发展，如服务内容应不单只有作业辅导还包括具有特色的校本课程。在调查学校中，绝大部分学校开设的课程包括作业辅导、书法、舞蹈课、篮球课、足球课等，若能将学校特色融入课后服务，给学生更多选择就更好了。

其次，根据学生身心发展水平，提供多层次、多样化的服务内容。考虑到低年级学生的认知特点，设置具有趣味性和体验性的活动，如绘画、手工制作、硬笔书法等。D学校就将练字作为学校特色并在课后服务中大力推崇；高年级的学生相对成熟一些，因此可多采用动态服务内容和静态服务内容相结合的方式，划分作业时间和活动时间。随着心智的成熟，学生的社会交往需求增加，因此可将处于同个年龄层次的学生集中在一起，锻炼学生合作解决问题的能力。

最后，避免课后服务成为课堂教学的延伸。小学生在放学后不可避免地会感到疲惫和厌倦，应该在课后服务内容设置中体现减负原则，充分控制家庭作业时间，努力营造轻松活跃的课堂氛围，使学生愿意、乐意参与课堂活动。

（三）引进社会多方资源，构建优质师资队伍

课后服务教师队伍的质量对课后服务发展具有重大影响，调查结果显示，仅仅依靠校内教师实施课后服务满足不了家长和教师的需求。美国将儿童托管纳入国家公共体系并动员社会力量参与其中，形成多元化的托管体系，美国课后托管教育工作的承担主体有三个，即家庭、政府和社区。以此为借鉴，要使粤北农村小学课后服务更好地实施，可聘请社会机构人员、挖掘家长志愿者，引进大学生志愿者等，充实师资队伍，提高课后服务师资水平。

一是聘请社会机构人员参与课后服务。目前课后服务的主要负责人员是学

校教师,由于自身专业及工作环境的限制,大部分教师的专长集中在语数英等学科教学上,而对其他领域的知识涉及较少,具有局限性。例如学校开设的舞蹈、声乐课就需要拥有较强专业技能的专任教师进行教学,因此在课后服务期间,学校可以从社会机构聘请专业人才来参与课后服务。

二是鼓励家长参与课后服务。俗话说"父母是孩子的第一任教师",他们在孩子的成长中扮演着重要的教育者角色,孩子的全面发展离不开父母的参与。支持家长参与课后服务有两大原因。一方面,学生家长从事各类行业,又是最为了解学生需求的群体,可以让有专业知识的家长进入课堂,给学生科普知识,如消防员可传授消防知识,警察可讲授防诈骗知识等,有利于拓展学生的知识面。另一方面,学生家长进入校园,不但能够丰富课后师资,还能让家长更加了解学校工作,配合学校工作。

三是引进大学生参与课后服务。政府及教育行政部门应与高校设立实习合作单位,优先考虑师范专业学生,召集大学生参与课后服务工作,给学校注入新的活力。一方面,鼓励高校学生作为志愿者参与课后服务,大学生往往有充足的活力和热忱,能够吸引学生参与课堂;另一方面,学校提供平台给高校学生进行实践锻炼,增加其社会实践机会,实习生到校后进行基本的培训并给予课后服务补贴,以此吸引更多大学生参与。

(四)加强校园安全管理,完善服务管理机制

学校实施课后服务符合现实要求,但参与课后服务意味着学生在学校的时间更多,这势必增加学校的管理风险,如何有效落实课后服务工作、完善服务管理机制是当前学校迫在眉睫的难题。为解决这些难题可从以下三个方面着手。

首先,政府发挥主导作用。阎亚军、李赤(2016)认为政府是推动义务教育阶段学校托管班发展的责任主体。政府是课后服务的领导者、决策者。作为领导者,政府身上的责任重大,不仅要做好课后服务的规划,逐步带领课后服务发展,还要做到公正无私,监督各个学校的政策落实情况。作为决策者,要充分考虑家长意见,听取社会各界对课后服务的需求从而不断改进课后服务工作。政府扮演好两种角色,发挥主导作用,抓好顶层设计才能为课后服务提供有力保障。

其次,学校做好安全预防工作。学校要正视课后服务期间的安全问题,强化责任意识,将安全问题的担忧转化为安全的有效预防。刘馨(2018)提出要增强托管服务的主体责任感以促进课后服务的良性发展。学校应当严格落实相关文件要求,制订关于课后服务的详细计划并在年级组安排专人负责。例如,学校明确课后服务人员的责任,加强教师安全教育,提高安全意识;定期培训学校保安

人员,确保保安人员综合素质,提高他们处理突发事件的能力;在课堂上宣讲安全教育知识,如食品安全、消防知识等,让学生会辨别危险,将危险扼杀在摇篮中。

最后,建立课后服务管理机制。一是在课后服务工作开始前做好安全宣传工作,通过发放告知书让学生家长及教师明白开展课后服务所需承担的责任,并与家长签订《安全责任书》;二是学校成立专门安全督查小组,完善现有的安全应急处理预案;三是对参与课后服务的教师开展培训工作,让教师能够知道活动过程中可能出现的安全隐患;四是建立考勤制度,参与课后服务的教师要负责对当天参与课后服务的学生进行签到、签退,时刻掌握学生动态并严格落实请假制度。

总之,粤北农村小学课后服务是粤北基础教育高质量发展的重要工作,有关方面要对农村小学课后服务给予充分关注,核实存在的问题,有效解决问题,促使粤北基础教育高质量发展。

第八章　粤北小学语文写字教学的问题及改进[①]

汉字的横、竖、撇、捺都透露着其意蕴和魅力。对于刚刚接触汉字的小学生来说，写字是语文学习的开端。学好写字，除了能够激发对语文的浓厚兴趣，训练学生课堂内外独立识字书写的能力，还能够培养学生的思维能力、良好性格，并为学生其他科目的学习奠定良好的基础（彭亚宁，2018）。但对语文写字教学的研究文献并不多，张香竹（2011）、徐子杰（2013）、陈会娜（2015）分别对小学语文写字教学对策、小学语文写字教学指导策略构建、如何加强小学语文写字教学进行了论述。本章通过调查粤北小学语文写字教学的现状和问题，分析影响小学语文写字教学的因素，探究提升小学语文写字教学的有效性策略，期有助于粤北基础教育高质量发展。

一、研究设计

（一）概念界定

《义务教育语文课程标准》指出，识字、写字是阅读和写作的基础，是第一学段的教学重点。徐畅（2021）认为"写字教育"为由学校语文教师引导小学低年级段学生书写汉字的拼音与字形的双边教育教学活动。尚晓翠（2019）认为，写字教学是教师针对第一学段学生的身体发展特征，有组织、有计划地通过观察、分析、描写、临写等方式，引导他们了解最基本的书写规则，并把汉字书写得规范、端正的教育过程。本书研究的"写字"是指第一个学段的学生在教师的引导下，利用铅笔在田字格上将汉字写标准、端正的一项教学活动。

（二）研究方法

其一，调查研究法。采用问卷调查和访谈调查，对韶关市乐昌市 X 小学和仁化县 C 小学一、二年级学生写字现状、存在的问题以及影响因素开展调查。问卷发放210名份，回收了206份有效问卷。问卷取样情况：男生105人，占50.97%，女生101人，占49.03%；一年级学生96人，二年级学生110人，各年级取样人数

[①] 韶关市乐昌市长来镇中心小学李沅璘参与本章初稿撰写，特此致谢。

占样本总数的百分比分别是一年级占 46.60%,二年级占 53.40%。

其二,观察研究法。以非参与的方式观察韶关市乐昌市 X 小学的小学一、二年级语文课堂,对教师教学方法、提问方式,师生互动,学生书写等进行观察,并收集课堂教学案例,用于发现、归纳、总结小学写字教学的问题。

其三,文献研究法。论文依据所要研究的课题,通过中国知网、维普期刊检索,搜集并梳理关于写字教学的相关文献资料,对其进行分类、统计与分析,以提供研究本课题的理论基础。

二、粤北小学语文写字教学的现状

(一)学生写字兴趣不浓厚

兴趣是提高个人学习和活动能力的"催化剂",不仅能使人在愉悦的状态下进行活动,而且能提升活动的效率。因此,我们应该探究了解一、二年级学生在写字方面的兴趣度,从而有针对性地激发写字兴趣。本研究从乐昌市 X 小学学生对写字的重视程度、对写字的感兴趣程度以及学习写字的归因分别进行了统计。

如表 8-1 所示,有 90.78% 的同学认为写字"很重要",7.77% 的同学认为"还可以",1.45% 的同学认为"不重要"。大多数同学对写字抱有积极的态度,但他们对写字兴趣度不高,对写字"很感兴趣"的同学仅有 45.15%,"还可以"的有 43.20%,"不感兴趣"的有 11.65%。由此可以看出,大部分学生对写字的态度是端正的,认为其很重要。但谈到是否愿意经常练习写字时,他们却很犹豫,这说明学校营造的写字氛围还不够浓厚,部分学生对写字并不感兴趣。

表 8-1 学生写字兴趣情况

题目	内容选项	人数/人	占调查人数比例/%
我认为写好字	很重要	187	90.78
	还可以	16	7.77
	不重要	3	1.45
我对写字很感兴趣	很感兴趣	93	45.15
	还可以	89	43.20
	不感兴趣	24	11.65

如图 8-1 所示,在研究学生学习写字的兴趣来源(多选题)中,认为写字兴趣

来源是"教师表扬"的占比最多,有 55.93% 之高,认为写字是因为"父母夸奖"和"未来发展"的分别占 47.29% 和 42.98%,认为是"同学羡慕"的占 12.97%。由此看出,一、二年级的学生写字兴趣来源更多的是他人赞赏,喜欢听他人对自己的表扬,自身想主动学习写字的内驱力不强。

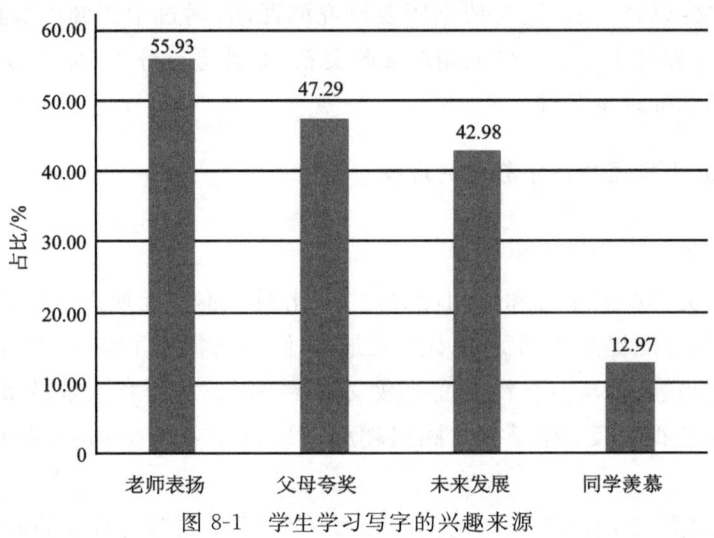

图 8-1　学生学习写字的兴趣来源

(二)学生写字姿势不规范

在所观察的写字课堂中,笔者经常听到孩子们背握笔姿势小口诀:"老大老二捏成圆,两指相对不相连,老三靠在笔杆后,笔杆躺在圆中间,老四老五往里卷。",以及写字的"三个一":"头离桌子一尺,胸离桌子一拳,笔离指尖一寸"。对于脍炙人口的小口诀,学生们能口口相传,但由于低年级学生自觉性不强,写字也尚未定性,意志力相比高年级学生低很多,一旦经过长达 15min 的写字训练,写字姿势会因手部酸累而变形,未能完全做到正确的写字姿势。错误的写字姿势如图 8-2~图 8-5 所示。这些错误的写字姿势会影响孩子的视力,也会导致脊柱弯曲、驼背等严重后果,因此矫正学生不良的写字姿势刻不容缓。

图 8-2　错误坐姿——头过低

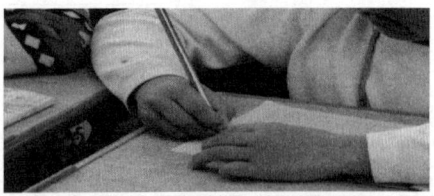

图 8-3　错误握笔姿势——执笔位置低

图 8-4　错误握笔姿势——抱笔式

图 8-5　错误握笔姿势——抓笔式

（三）写字技能掌握不到位

1988年，国家语言文字工作委员会颁布了《现代汉语通用字表》，该表具体包含了字形构成、笔画数和书写次序等现代汉字书写规范。在既定的标准下，正确的书写方式能提高书写速度，使学生即使在课堂压力增加的情况下，也能以很高的质量完成作业。在实际教学课堂的观察中，对于一些标准笔顺，学生往往容易弄错。如"当"字，正确的笔顺为竖、点、撇、横折、横、横，而有较多的学生先写点，再写竖，最后写撇。"以"字正确笔顺为竖提、点、撇、点，学生容易把最后一笔写成上面的点。一些不重视笔顺教学的教师可能会缺乏培养学生正确书写笔顺的习惯，影响学生对于笔顺的记忆和书写。在问卷调查图 8-6 中，仅有 59.20% 的学生回答正确"鸟"的第四笔是竖折折钩，正确率不高。有 24.50% 的学生选择"竖折弯钩"，13.60% 的学生选择"竖横弯钩"，还有 2.70% 的学生表示"不清楚"。可见学生对于笔顺的掌握情况不好，教师在教学时应该着重强调易错字的笔顺，以便提高学生的书写速度和书写能力。

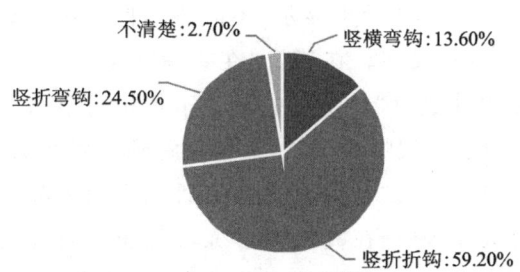
图 8-6　"鸟"的第四笔是什么

对学生书写重视类型的调查（多选题），结果如图 8-7 所示，学生"重视书写的正确率"占 81.23%，"重视书写的速度"占 73.89%，"重视书写的整洁"占 53.29%，"重视书写的美观"占 21.40%，"重视书写的笔锋"仅仅只占 17.32%。多数学生书写的目的是及时完成教师布置的作业,避免因书写速度过慢而被教师催促;另外很多学生害怕因书写错别字被教师指责,因此学生特别在意书写的速度和正确率。部分学生不明白笔锋是什么,不知道书写整洁美观的重要性。也就是说,在他们眼中字书写好坏的评价标准是偏颇的。

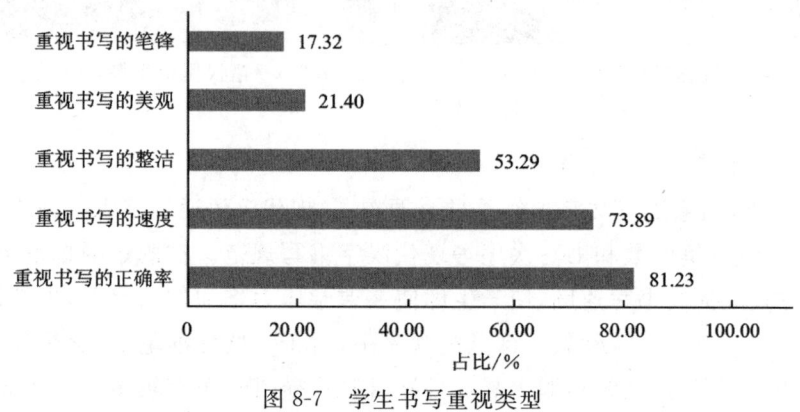

图 8-7　学生书写重视类型

三、粤北小学语文写字教学的问题

(一)轻视写字习惯培养

低段学生要从更深层次的情感发展和心理发展水平中掌握汉字,并以此提升他们的观察力和记忆力。但一、二年级学生的心理认知还处在初级阶段,也没有清晰地认识到写字是什么,对写字只有一种模糊而笼统的印象。笔者在调查过程中发现,在面对"认真写好汉字是上课需要完成的事情,在课后不需要这样做"这个问题时,有94.24%的学生表示"不同意",他们认为写好汉字不分时间,任何时候都需要认真写好汉字。在谈及"在家写字是否会不专心、三心二意"这一问题,有43.2%的学生选择"经常边做其他事情边写字",29%名学生选择"有时会做其他事情"。通过对教师的访谈,笔者了解到学生在课堂上书写的字和课后书写的字有很大差异。一、二年级的学生在课堂上有教师对写字姿势、握笔姿势的强调,书写较为认真,但是在完成课后练习巩固方面,由于缺少了教师的提醒,学生的写字姿势五花八门,字迹也敷衍潦草,急于求成,作业质量不高,在家认真书写的习惯尚未养成。

(二)轻视写字能力训练

《义务教育语文课程标准》规定,低年级学生的书写要达到以下目标:掌握生字基本笔画,熟悉常见的偏旁部首,并且能按一定笔顺规则进行书写。虽然不要求低年级学生的书写能达到书法水平,但根据写字规律和要点,正确、工整、美观书写每个字是基本要求。而笔画笔顺、偏旁部首等基础知识作为写好汉字的基本要求和基础技能,更应该得到重视。调查结果显示,很多学生写字的基础知识并不牢固,对写字能力造成了一定影响。另外,孩子没有养成好习惯,不用橡皮擦擦掉错误,而是用口水摩擦,这容易导致卷面不整洁。这种现象应当引起学校教师和家长的密切关注,适时地加以教育。

(三)教师教学方法单一

丰富有效的教学方法能使教学事半功倍,达到高效教学的效果。在访谈中笔者了解到,多数教师都认为书写与讲练结合的教学方式较为合理。随着信息技术应用能力提升工程2.0的培训,多数教师认为使用信息技术手段进行写字教学更方便有效,极少部分教师会采用口头讲授的方法。由此可见,信息技术已经广泛进入课堂,但使用信息技术的有效性和时效性有待商榷。实践观察中,很多教师在讲授生字时一般采取课件笔顺指导和黑板字范书写相结合的方式,讲解内容多为明确关键一笔要放在横中线上或竖中线上,教学方式也比较单调。学习者往往只是理解应该这样书写,而并不了解为何要如此书写汉字。学生便很难在练习时调动自己的主观能动性将汉字写好。在教学过程中,应将教师的教学智慧融入信息技术中,例如,在多媒体上讲解字的框架结构,选取一个框架结构错误的字和一个笔锋死板的字来对比黑板的字,让学生在对比中感悟,明确哪一种字才好看;再运用动画,改正上述的较不美观的字,或将整体往中心点移动,或将关键的笔画移动至横中线竖中线,或将撇捺写得更为舒展,让学生明白怎么书写汉字才会好看。这样一来,吸引学生的兴趣和注意力的同时,更能提高讲解分析字的有效性,达成教学目标。

(四)教师教学评价模糊

在写字教学中,除了学生自主学习书写外,教师在教学中的评价效果也尤为重要(李浩,2015)。在访谈中笔者了解到,教师在批改学生写字的作业时,基本不会也没有大量时间在写字本上圈画出哪几笔写得很漂亮,哪几笔写得不到位,哪个字间架结构不好。他们只会看卷面整体的情况,将错字别字圈出来后,打上ABC等级。粗略的评价手段很难系统提高学生的书写能力,也难以提高他们自我评价的能力。这样的评价方式会让学生们觉得,写字只要写了就行,写得好不好看教师也不会说什么,只要不写错就好。部分教师会将写得优秀的个别字打上五角星,给予肯定。由于有的教师评判意识不强,在发作业时并未在全班面前进行展评,学生自然也并没有留意上次作业教师的批改情况,评价并未得到有效运用。总而言之,课堂评价尤为重要,教师一定要规范使用细致评价,并严格执行。在课堂上将优秀作品进行展评,让全班同学一起了解字怎么写才好看;结构应该如何变化;笔锋应该如何书写等。及时评价、鼓励性的反馈有利于正向引导学生对写字的态度和看法,用一点一滴的习惯教育保护学生的写字兴趣,激发他们写好汉字的主观能动性。

(五)教师教学指导不足

定期参加教学职业讲座培训,能够为教师教学技能更新血液,提供教学方向指引和教学思想碰撞。然而,现阶段面向小学低年级语文教师的写字专项培训或讲座却并不多,以写字教学为专题的教研活动也较少。缺乏专业性的指导也使得教师在指导学生方面略显不足。写字是一个动态的过程,许多意想不到的问题悄然发生,而学生是独特的人,不同学生的写字情况也不尽相同。如果在学生写字时,教师能下去走走,近距离观察学生写的字,有效地指出其存在的问题,并且高效地提出完善建议,或是给予一定鼓励,将在很大程度上鼓励学生认真学习写字,培养学生写字的兴趣和热情。综上所述,一定的个别指导是不可或缺的。图8-8是学生对"教师在写字课上指导你写字的频率"问题的回答,认为"总是指导"的占26.86%,认为"经常指导"的占28.34%,认为"偶尔指导"的占43.21%,认为"不指导"的占1.59%。从结果来看,教师个别指导频率较少,没有做到精细化,学生缺乏指导,就会对字形结构、字体大小理解产生偏差,不利于书写好汉字。

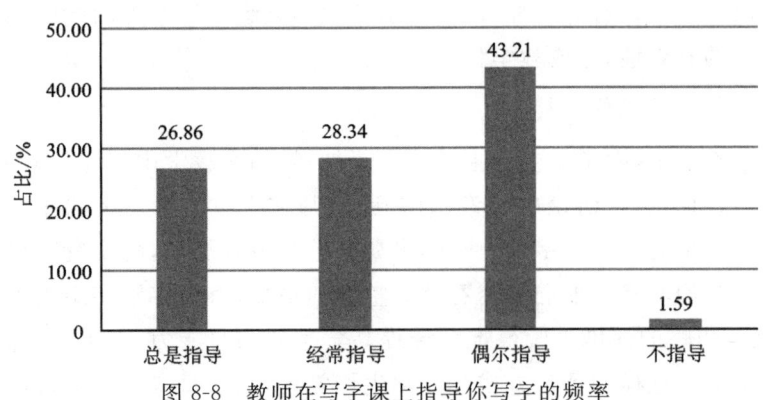

图8-8 教师在写字课上指导你写字的频率

四、粤北小学语文写字教学问题成因

(一)学生练字不主动

个体的身心发展遵循着一定的规律。一、二年级学生身心发展尚未成熟,以形象化思维为主,因此较为抽象的写字教学并不适合他们,需要教育者从实际情况出发,根据低学段的年龄特点,制定丰富有趣的发展任务。中国传统的写字方式大多是由教师在讲台上"教",学生在讲台下"写",教师主导整个教学过程,导致学生只有呆板地听与机械地写,学生的主动性不能得以发挥。在与8名学生的访谈中得知,有4名学生"在家从不练字写字",有2名学生"需要在父母的监督下完成写字",仅有2名学生"会自觉在家练字"。因此,学生练字的主动性并不强,练字的兴趣也不高。

(二)教师专业度不高

教师是学生写字的主体指导者,而教师主要的任务是培养学生书写的能力,以及正确的写字习惯。但调查研究表明,教师很少能为学生做出有针对性的引导。多数学校的写字课程没有专职教师授课,选择由语文教师完成写字教学的任务,有的小学还没有开设写字课程。由于任课教师缺少专业写字理论知识,学生对汉字字理、写字原理等还没有达到一定的理论素养基础。教师按照语文课的教学方法给学生上写字课程,将学生的写字任务当作语文作业处理,而没有提供学生专门的对写字方面的评价与意见。部分教师并非全国师范类院校毕业,涉及学科范畴内的东西,仅仅通过一些教材参考资料加以掌握。教师上课也大多根据教材参考资料上的内容讲解,对资料具有依赖性。知识的欠缺加上在实际教学中不能有效研究与探索,导致教师对学习者无法作出有效引导。

(三)写字教学边缘化

日常的写字教学任务并不重,因此教师将更多时间花费在传统学科教学上,对写字教学的引导较少,重视程度不高(屈太侠,2015)。在对教师的访谈中笔者得知,大多数教师在一、二年级学校不能布置书面作业后,就直接忽略了写字教学的练习过程。一般只是在课堂上完成作业即可,回家无须进行巩固。缺少了学校教师的管理,学生在家很难坚持练习书写。还有教师表示"我只是兼职写字教师,本职还是语文教师,所以我所授课的内容更多与语文识字相结合,在书写水平上关注较少。"缺少了专职教师的指导,写字课变成语文课也是写字教学边缘化的关键所在,要大力提升写字教学专职教师队伍建设,让写字教学回归原本的位置,传承好中华传统文化。

(四)家长不重视书写

对于家长在写字指导中发挥的作用,笔者采访了 4 个班每个班各 2 名一年级学生。在问及学生父母在家是否会重视平常书写问题时,有 2 名学生说"自己的父母会重视平时在家复习巩固生字时的汉字书写情况",但有 5 名学生表示"自己的父母偶尔会在意我写字是否好看,不好看时让我擦掉;但更多时候并没有这样的要求",还有 1 名学生说"自己的父母从没有管过我的书写情况"。处于低学段的学生意志力很薄弱,容易受外界事物影响,且对自我管理不严格。在学习积极主动性和有效性上大多数时候都听从教师和父母的安排,在学习过程中目的性较强。另外,在笔者访谈时,有教师谈到"家长向我反映的情况大多是孩子在家学习不认真、不听话、学习不自觉。基本没有家长向我反映学生在家的写字情况,他们并不重视写字教育。"家校合作,少了哪一方都是徒劳,即使教师在学校着重强调写字的重要性,但家长并没有这种理念,孩子写字能力水平的发展也将是事倍功半。低年级书写量较少,如不能做到一笔一划书写,在高年级学习任务繁重,书写量增多的情况下,学生的书写水平会呈下坡趋势发展。

五、粤北小学语文写字教学的改进

(一)重视写字习惯培养

按照低年级学生的语言认知规律,培养学生正确的写字习惯,不管是对学生目前的语文学习发展,还是未来可能的其他方面发展乃至终身发展,都有着不言而喻的重要意义(王恒,2018)。在指导学生写字的同时,要培养学生热爱写字的情感和坚持写字的意志力。每天书写对于意志力相对薄弱的一、二年级学生来说,非常枯燥。教师可以多和他们讲讲自身的练字经历和名人习字的故事,在传统文化的渗透中培养其喜爱练字的好习惯。同时,在写字过程中,教师应及时发现学生的写字问题,并予以纠正,对其书写习惯多加监督(洪秋丽,2018)。当班上出现书写时头过低、握笔不正确等现象时,教师一是要表扬班上做得好的同学,号召学生们向优秀学生学习;二是要对书写姿势不恰当的同学适当加以指导和教育,督促其保持良好的写字姿势。

(二)强化写字能力训练

按课程实施安排,一、二年级学生每周仅有一节写字课,如果短短的 40min 完全是引导学生在课堂上书写汉字,不讲解汉字结构字形,再多的写字练习训练也是徒劳。因此,课堂上应"以讲代练,以改促悟",课后静心练字 10min,不失为一个好办法。笔者在本次实习过程中对本班学生的写字训练进行了巩固。在写字课上,点评学生在上一周周末的书写情况,对写得好的字进行点评,分析这个字好在哪里。再对应该提高的字进行讲解,运用相关平台进行展评,引导学生对比没更正的字和已修改的字有什么区别,以此引导其明白字的框架结构的重要性。在讲解并理解如何修改作品后,下发学生的作品,让其再修改完善,将优秀作品粘贴在"书香园邸"的展示台中。接着讲解本周的写字任务,对字形、框架结构进行梳理。最后每天晚上静下心书写10min,共30字,保持手感,着重要求学生熟练掌握书写的占位情况。周末对新学的内容进行整合书写。在长期的点评和练习中,学生的写字水平得到了提高,对汉字的框架结构也有了更深的认识。

(三)丰富教师教学方法

一、二年级的学生以形象思维为主,在教师教学中应该使用童趣化、游戏化、丰富化的教学方法(王雪,2014)。在课堂活动形式上也应该是师生之间双向沟通的活动(刘树仁,2003)。传统写字训练通常会让学生针对一个字反复进行练习,并通过写字的量来提高写字的水平,这种传统的教育方法对孩子来说比较枯燥,取得的教学效果较低,一些学生会因为枯燥而将写字的标准自动降低,从而写出的字既不好看,也没有对字进行相应的理解。因此写字教学最重要的就是培养学生的写字情绪,引导学生能够自主地爱上写字。随着绘本教育的不断发展,写字教学也可以利用绘本来辅助学生学习,让学生通过绘本故事来进行生动有趣的写字学习(王兴龙,2021)。一、二年级的学生对于横、撇、竖直抽象的符号理解起来有点困难,教师可以将方块字形象化,将字理教学方法渗透进写字教学,让学生了解古代人们书写的象形字,逐步转化成我们现在书写的方块字,由弯曲变成笔直,由图案变成汉字(吴德生,2008)。同时低年级学生的想象力丰富,在写字教学中,孩子的想象力常常是某一事物形象的简单再现,直接或间接映射到所学习的汉字中,因此教师应注重培养小学生的想象力,这有利于学生写字能力的提升。

(四)完善教学评价体系

没有反馈的教学,无法提升学生的能力。教师的日常教学除了传授知识点外,更应该对学生近期知识的掌握情况予以点评(唐益峰,2018)。在教学评价时,应该多使用正向评价,诸如"你的字越写越好看了呢,你的字值得我们大家学习,太棒了,你在写字方面真有天赋!"等,学生喜欢听到他人的夸奖,低年级的学生有很强的向师性,写字动力更多来自外在支持(肖亚女,2018),多使用正向评价能引导学生更积极主动地练字。如果精神奖励效果不佳,可以制定物质奖励措施,如集齐30枚印章,可兑换文具、糖果等小奖品等。教师除了对学生书写进行评价外,还应该多对写字课进行磨课,虚心听取同级教师对自身教学的意见,书写教学反思,提升教学能力和评价水平。在课堂上也要适当增加学生自评和互评的时间,培养学生对书写初步的理解能力。

(五)提高教师指导能力

教师只有充分了解学情,才能让写字课堂充分发挥效果,提高教师的指导能力。首先,在了解学情时,需要细心分析学生往常的作品情况,了解学生在哪个笔画上存在难点和易错点。其次,教师在授课时,应该近距离观察学生的书写情况,及时提醒写字姿势不正确的同学,也尽可能对每一位学生的字进行点评指导。重要的字还应该在本子上范写,直观讲解字的结构和部件占格位置。最后,从学校方面来说,学校应该合理利用校内网络资源和校外资源,积极引导书法教师对写字教学进行适当的指导,引入专职书法教师对学校写字教师进行再指导,使其创新发展,成为专职写字教师。丰富写字课程的教学资源,革新教学方式,对学生的写字教学提供重要的帮助。

总之,汉字作为中华民族所独特的语言,承载了中华民族的聪慧睿智,是中华民族传统文化的精髓,是千百年来中华民族传统文化得到保存的主要媒介,富有文学意义和美学意义。粤北基础教育高质量发展不能忽视写字教学。

第九章　粤北小学语文习作教学的问题及改进[①]

习作是运用语言文字进行表达和交流的重要方式,也是锻炼思维的重要途径。《义务教育语文课程标准》提出第一学段(1～2年级)是写话,第二至三学段(4～6年级)是习作,第四学段(7～9年级)才是写作,每一个阶段都有不同的教学目标和要求。《义务教育语文课程标准》将小学语文教学内容分为五大部分,即识字与写字、阅读、习作、口语交际、综合性学习,习作教学作为其中的一个部分与其他部分相辅相成。现使用的部编版教材对于习作的编排更加系统化、立体化、生活化和具体化,更加注重学生的读者意识,让学生能够大方地表达,3～6年级每一本教材都有8个单元的习作练习,并在每一本教材设置一个习作单元,可见习作教学在语文教学当中占有重要的地位。本章通过文献研究法、问卷调查法和访谈调查法等对粤北小学语文习作教学的现状、问题进行分析,并提出改进小学习作教学现状的策略,期有助于粤北基础教育高质量发展。

一、研究设计

(一)概念界定

1.习作

《义务教育语文课程标准》指出:写作是运用语言文字进行表达和交流的重要方式,是认识世界、认识自我、创造性表述的过程。吴立岗(2017)认为,小学习作是以学习语言文字运用为主,同时提高思想觉悟、发展智力技能、扩大知识视野、陶冶审美感情的综合训练。

2.习作教学

朱坤(2017)认为,习作教学是语文教学的重要组成部分,是指为了完成《义务教育语文课程标准》中第二、三学段的习作教学目标,教育者有效地组织各种教育内容、教学方法及教学资源,以习作课程为主要载体,有目的、有计划地培养

[①] 韶关市乐昌市廊田镇中心学校徐少英参与本章初稿撰写,特此感谢。

学生运用已有的知识、技能进行习作的教育活动。杨琪（2021）认为，习作教学是指教师有目的、有计划、有组织地指导学生如何利用书面文字表达自我和与人交流，使学生掌握一定的习作知识和表达方式，学会运用恰当的语言文字表述自己的所见所闻、所思所感的教学活动或过程。结合其他学者的观点，笔者认为习作教学是教师选定教学内容，依据教学目标，有目的、有计划地指导和引导学生使用书面语言表达情感，并且掌握一定的习作知识和表达方法，形成习作能力的教学活动或过程。

（二）理论基础

1. 支架式教学理论

支架式教学理论是建构主义教学理论的一个分支，它以维果斯基的最近发展区理论为理论基础，以学生当前发展水平为基础，为其提供必要的知识与能力支持，即脚手架，为学生主动建构知识提供平台，并通过概念框架把学生的认知发展从现有水平引导到更高的水平，就像沿着脚手架那样一步步向上攀升（吴勇，2017）。也就是说，该框架应按照学生智力的最近发展区来建立，可通过脚手架的支撑作用，将学生的智力从一个水平提升到另一个新的更高水平，真正做到让教学走在发展的前面。支架式教学理论告诉我们，习作教学应该是在学生已有的基础上，通过拆分复杂的教学目标去启发学生独立探索，教师还要在学生学习过程中给予适当指导和评价。在本次研究中，支架式教学理论体现为在习作教学前，教师就应该了解学生的习作情况和教材、课程标准的知识结构，拆分复杂教学目标确定细致的教学目标和选定教学内容，组织习作教学和评价，指导和引导学生了解习作学什么、写什么、怎么修改等；在习作教学过程中，体现为每一步的学习是比上一步更深入的学习，最终形成一个习作体系，而不再是零散的教和学。

2. 生活教育理论

生活教育理论是陶行知的教育思想，主要包括"生活即教育""社会即学校""教学做合一"。习作是个人自我表达和交流的方式，学生不应为了考试写而写，应为了表达情感而写，让学生意识到，表达的是生活，写的是生活。教师在教学过程中应摒弃模式化、程序化教学，让学生习作源于生活和表达真情实感，展现习作的交际功能和实用意义。

（三）研究方法

其一，文献研究法。本研究在提出问题后，通过在知网、维普和万方等中外文数据库中检索相关的文献,了解已有研究中关于小学习作教学的研究现状,为本研究的开展提供理论基础和研究方法启示。

其二,问卷调查法。本研究基于调查目的,确定调查内容,并编制《粤北小学语文习作教学的问题及其对策研究问卷调查》的教师卷和学生卷,教师卷从习作教学目标、习作教学内容、教学组织、教学评价、习作教学问题五个维度进行调查,学生卷则从习作态度、习作内容和习作习惯三个维度进行调查。以韶关市乐昌市一所实习学校3~6年级的学生和教师为调查对象,向师生们发放调查问卷。通过问卷反馈的情况分析小学语文习作教学中存在的问题及原因,从而有针对性地提出改进对策。

对教师的问卷调查采用网络问卷的形式,教师卷以实习小学的语文教师为对象。笔者实习的学校是新学校,超过90%的教师都是从其他学校调任,部分来自乐昌市区的小学,部分来自乡镇学校,还有部分来自城乡接合部学校,虽然调查对象是同一个学校的教师,但基本囊括各种类型的教师。教师问卷共发放31份,有效回收31份。调查对象基本信息如表9-1所示。

表9-1 教师问卷调查对象基本情况统计

	类别	人数/人	比重/%
性别	男	2	6.45
	女	29	93.55
教龄	1~10年	19	61.29
	10年以上	12	38.71

实习学校有来自市里较好学校的生源,也有来自乡镇和城乡接合部的生源。问卷调查采用纸质问卷,在学校的3~6年级每个年级各选一个班,共发放问卷220份,回收220份,有效问卷206份。问卷回收后进行数据整理分析。调查对象具体信息如表9-2所示。

表9-2 学生问卷调查对象基本情况统计

具体情况	类别	人数/人	比重/%
年级	三年级	71	34.47
	四年级	42	20.39
	五年级	48	23.30
	六年级	45	21.84

其三，访谈调查法。习作教学是教师与学生的双边活动，语文教师作为这个活动的引导者是影响学生习作学习的主要因素。为了真实地反映粤北地区农村小学习作教学的现状，本研究在教师和学生问卷调查的基础上，选择韶关市3个县的4所小学3~6年级中6位教师进行当面访谈或电话访谈，通过访谈进一步了解习作教学现状，收集教师的困惑和有效的教学经验，为发现和解决小学语文习作教学的问题提供一手资料。访谈对象基本信息如表9-3所示。

表9-3 访谈对象基本信息统计表

访谈对象	任教学校	任教年级	教龄/年	访谈时间	时长	访谈方式
T1	L	五年级	19	2021年12月10日	1h	凤凰小学面谈
T2	L	五年级	22	2021年12月10日	1h	凤凰小学面谈
T3	Y	三年级	11	2021年12月15日	30min	电话访谈
T4	R	四年级	5	2021年12月16日	30min	电话访谈
T5	H	四年级	2	2021年12月20日	30min	电话访谈
T6	H	六年级	19	2021年12月20日	30min	电话访谈

表9-3对6位教师基本信息进行了汇总，可以看出6位教师来自4所学校，T1和T2来自市区学校，T3来自于城乡接合部学校，T4来自县城小学，T5和T6来自乡镇小学。

访谈问题的呈现如表9-4所示，笔者根据习作教学的内容、组织、评价和在教学中的问题来制定访谈的问题，在访谈中穿插了教师对习作教学目标和教材的理解，目的就是从这几个方面了解习作教学的现状，为问题的提出作铺垫。

表9-4 访谈问题的呈现

考察方面	题号	题目
教学内容	第1题	小学习作教学内容应该学会哪些写作文体？
教学方法	第2题	在小学习作教学中，您经常会使用哪些教学方法和方式？您认为最有效的是？
教学指导	第3题	在习作课堂中，您是如何对学生进行指导的？
评价方式	第4题	对于学生的习作，您一般采用什么样的评价方式？
教学问题	第5题	您认为您在习作教学中有什么问题？学生在学习习作中有什么问题？

二、粤北小学语文习作教学的现状

（一）习作教学的目标

1. 教师对习作教学目标的掌握

掌握习作教学目标对小学语文教师来说至关重要，因为目标决定了习作课教学环节的设计、课堂组织的采用。在访谈过程中提到了有关教学目标的问题是："您是怎样确定一节习作课的教学目标的？有将课程标准和教材中的一些目标与语文要素联系在一起吗？"回答如表9-5所示。

表9-5　习作教学目标掌握情况

教师	学校	典型回答
T2	L	参考课程标准的同时，我还会参考语文书上的教学目标，如果是习作单元，我还会将课文和后面的习作一起讲，去分析习作单元，考虑文本诠释的侧重点，但大多数教师落实不到
T4	R	依据课程标准和课本、教参，我对学生的目标主要是能写出来，再去考虑高层次的目标
T6	H	依据课程标准、书上的目标，让学生能够真情实感地表达，内容具体，能够联系生活
T3	Y	书上什么目标就是什么目标，顶多看看教参怎么说

访谈发现，绝大多数教师了解课程目标对习作教学目标的陈述。T2这位教师是教研组组长，对教学的要求比较高，其余的教师更符合T4这位教师的表述，能够依据课程标准和课本、教参确定教学目标，但一些教材上的语文要素不会去细细练习。

教师问卷中，90%的教师确定习作教学目标的依据是教材和教参的要求。对年级与年级的教学目标体系的层次梯度非常清楚的仅占12.9%（图9-1），对新课标小学语文习作目标的具体要求很熟悉的也仅占9.68%（图9-2）。虽然课程标准比较笼统，但它是我们制定教学的方向标，课程标准主要是对学段的习作认识、习作兴趣、习作习惯和习作练习频次提出要求，如果教师不清楚层次梯度，制定教学目标时就会出现偏差，导致目标难度过高或者过低，清楚层次梯度有利于将教学目标的制定与教师、学生特点相结合。

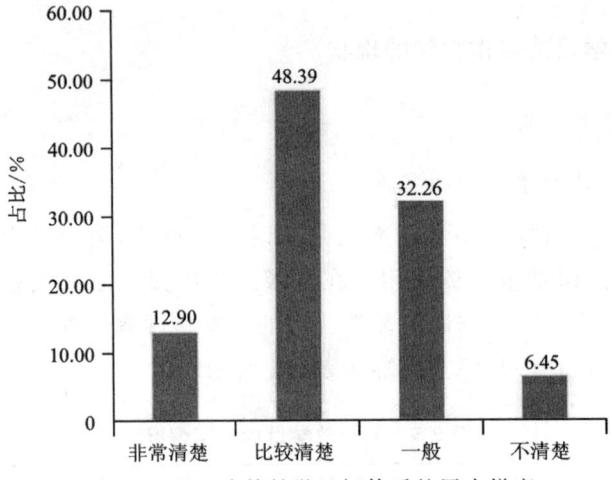

图 9-1　是否清楚教学目标体系的层次梯度

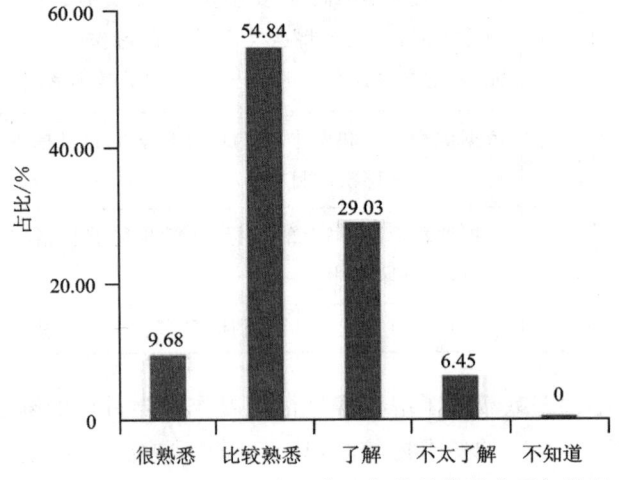

图 9-2　对新课标小学语文习作目标的具体要求了解情况

2.教师对具体目标的确定

对于是否每次进行习作教学之前会列出具体的教学目标,45.16%的教师表示会列出大致的习作目标,16.13%的教师表示心中有习作目标,但没有列出来(图 9-3)。习作教学与阅读教学、识字教学等相比,只有更少的教案和教学建议的参考,通常都是由教师自己制定和设计,说明如果在不清楚层次目标的同时,也没有具体罗列习作教学的目标,那么在课堂实践教学时只能想到什么讲什么。

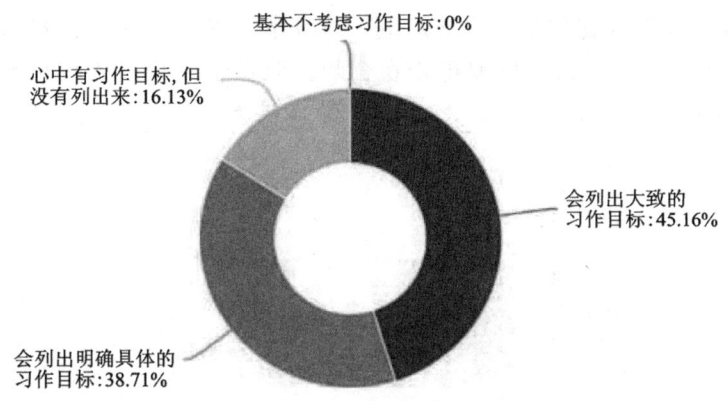

图 9-3　每次进行习作教学之前列目标

（二）习作教学内容的确定

1. 教师习作教学内容的选取

习作教学内容来源广泛，在教师问卷中，关于怎样设定每次习作的题目和内容，表示直接采用教材的占 74%，可见教材是习作教学主要的依据和来源。

图 9-4 表明，67.74% 的教师认为教材编排的习作内容比较能满足现实的教学需要，认为一般能满足、非常能满足的比例分别是 25.81% 和 6.45%。

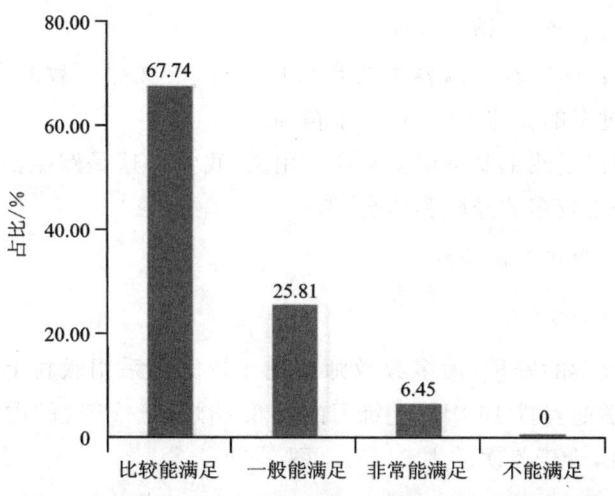

图 9-4　教材编排的习作内容能否满足现实的教学需要

2.教师文体侧重和学生倾向

图9-5是对教师在教学中应该侧重哪种习作文体教学的调查,87.1%教师都是以记叙文为主,这是和教材编排相吻合的。但在学生自己比较喜欢的文体访谈调查中发现,学生偏喜欢想象文,而且年级越高学生越喜欢自由书写的文体。

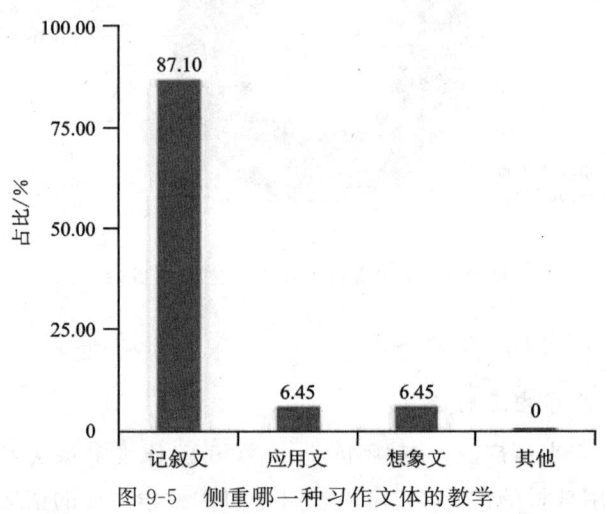

图9-5 侧重哪一种习作文体的教学

在教师访谈问题"小学习作教学内容应该学会哪些写作文体?"中,6位教师无一例外主要都是要求学生学会写记叙文和应用文,分别主要包括写人、事和写景状物、书信、请假条、申请书和通知书。

受访者T1:"因为教学内容主要是来自教材,语文课要教的内容比较多,如果一个学期写过多的文体,学生也学不精细。"

受访者T2:"当然主要是记叙文和应用文,我觉得这是跟生活联系比较紧密的,学生也会有比较多的经验和体会。"

(三)习作教学组织的选择

1.习作组织频次

关于习作教学的安排,大多数教师都是比较固定采用教材上每个单元的习作练习。一个学期安排16次以上练习的占3.23%,8~16次的占48.38%,4~8次的占41.94%,少于4次的占6.45%(图9-6)。

第九章 粤北小学语文习作教学的问题及改进

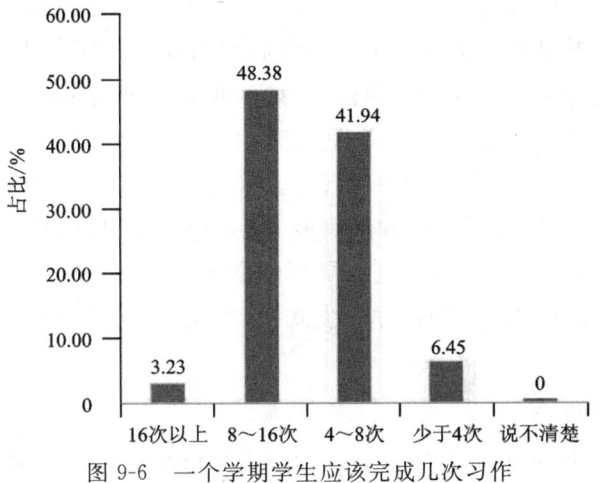

图 9-6　一个学期学生应该完成几次习作

2.习作教学组织

习作教学包含多个环节,在习作教学组织过程中,注重习作前的占19.35%,注重习作过程的占35.48%,关注习作后的仅占3.23%,选择都关注的占41.94%(图9-7)。

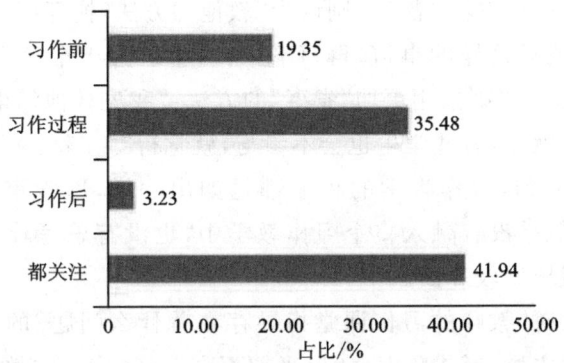

图 9-7　习作教学活动中比较关注习作的哪个阶段

3.教学方法手段

通过问题"在小学习作教学中,您经常会使用哪些教学方法和方式？认为最有效的是？"进一步了解教师在习作教学中的组织形式、方法手段,发现教师在习作课堂上最常采用的教学组织形式是先教后写,最常采用的习作教学方法和手段:第一,情境教学法,比较常用的方法,引入情境再让学生写;第二,范文引领法;第三,提纲式。

· 111 ·

尽管习作教学的方法很多,有仿写法、创设情境法,但教师会为了自己的方便或因难以驾驭其他教学方法而采用先教后写的方式。例如访谈的教师对于这个的问题的阐述分别是:"还是常规讲了再写,我尝试过用小组合作交流的方式,但是这对教师和学生的要求较高,还要精心分组,自己还要把关,这样难操作"(受访者 T2);"习作方法很多,但一到课堂上,发现用不上,还是用最简单的先教后写"(受访者 T5);"讲框架吧,方法太多,我用过范文引领,我自己写下水文,找学生中写得比较好的让学生读,但结果听的学生没几个"(受访者 T6)。教师的访谈反映出习作教学观念陈旧,方法模式化、框架化,灵活运用教学方法的只有少数教师。

4. 习作教学指导

在习作教学中,教师的指导方式会在很大程度上影响学生的习作质量,针对"在习作课堂中,您是如何对学生进行指导的"一题,教师们的典型回答如受访者 T2 所说:"先教他们怎样开头,结合范文边讲边引领,再鼓励学生大胆说一说生活上的事情,如果有口语交际,我会尝试联系起来讲,最后讲评。"受访者 T6 回答:"一般是布置完作文题目后,先让学生自己写,学生写完后再念范文。因为如果先念范文再写的话,学生的思维就会受限制,就会按照范文的模式来写。这样写出来的就千篇一律。"受访者 T3 则认为"教他们方法,梳理框架,然后就让学生想一想有没有听或见这样的事情,再写下来,一个班几十个学生,是没有办法一一指导的。"受访者 T4 则采用更加"省事"的方法:"我先教他们审题,审完之后就学习方法,学习完就写,有些学生也会不参与,就觉得写完就行。"

从访谈中了解到,习作教学的程序都是如出一辙,即学审题—学框架—成文—修改。教师似乎没有融入整个习作教学中,也没有思考什么样的指导适合学生,对学生的指导比较片面。

在访谈中,针对"教师的习作课堂指导存在着什么问题"的调查中,51.61%的教师认为"教师主讲,形式陈旧,学生兴趣不高",16.12%的教师觉得"走流程,指导不到位",6.45%的教师觉得在教学中"过度拔高学生",22.58%的教师认为习作教学"以考试要求为标准,扼杀了想象力"(图 9-8)。

5. 习作教学引导

在关于"学生在学习习作中有什么问题?"的访谈中,教师的问题在于认为教师没有引导好,T1 说"我们好像有点过于强调学生习作方法的学习和素材的积累,有时候还要学生摘抄,但我们应该反思,学生虽然吸收了方法、素材,但是他们不会表达,我们不会引导学生把对生活的感知表达出来。"另外,70%的教师觉

第九章　粤北小学语文习作教学的问题及改进

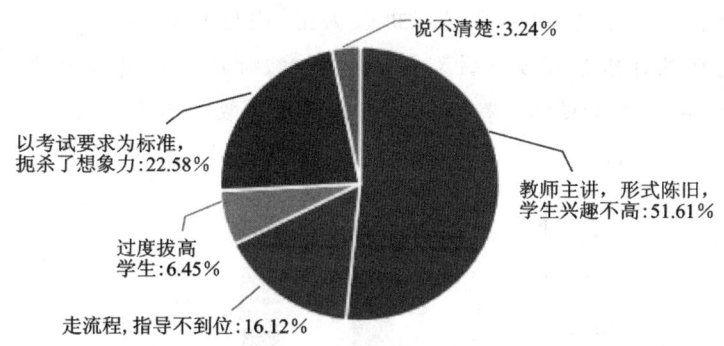

图 9-8　教师的习作课堂指导存在着什么问题

得学生阅读面不广，素材贫乏，对学生的阅读引导也是一个问题，学生阅读没得到提升，写作就不顺畅。

（四）习作教学评价的采取

1. 教师习作评价形式和方式

针对"对于学生的习作，您一般采用什么样的评价方式？"一题，教师们都谈到了自己对学生习作的批改和评价方式。从教师们的回答当中，可以了解到他们对学生习作的评价方式可以分成两类。一类是教师评改和评语为主。例如谈及这个问题时分别回答："我是打等级，每次写完我会挑 15 个学生的作文进行精批，精批就是写眉批和总批，剩下的只写总批，学生都是轮着来。但是这样效果不好，时间很滞后，可是学生自己批改又达不到水准。有些学生写都没写，我只能让他抄范文，这也是锻炼吧"（受访者 T1）。"还是教师批改为主，写一句评语这样，学生自己批改只会改改错别字，而且一个班能自己改好的也就只有几个，都是比较优秀的，我觉得最好的方式是面批，面批完立马改，学生反馈很及时，但也是个时间问题，我会对个别学生进行指导"（受访者 T2）。"都自己改，其他方式还是难实行，在学校评改就好了，现在也不敢给让家长参改"（受访者 T5）。"一般就是打分，因为小学教师的工作任务很繁重。一个班几十个学生，不可能每个学生都兼顾到，所以平常的作文就是给学生打打分。当然学校也会有定期的检查，因此在检查的作文上就会比较细地分析他们语句的运用，用得好的会仔细标出来，最后再写些评语"（受访者 T6）。另一类则是尝试多种评改方式，如受访者 T3 回答："有学生自评互评，还有教师评改，写一句话的总批。要教会他们怎么自己评改也是比较费时，如果是互评的方式，教师要准备，学生还要得力的才行，有些学生不愿意让别的同学改自己的作文。"

教师评价是有主观性的,都是以批改为主,用打等级和分数的评价形式,对单个学生习作的评价方式缺乏针对性,大多数教师都觉得批改很消耗时间精力且滞后,就会批改得不具体。教师对习作的批改采取的形式如图 9-9 所示。

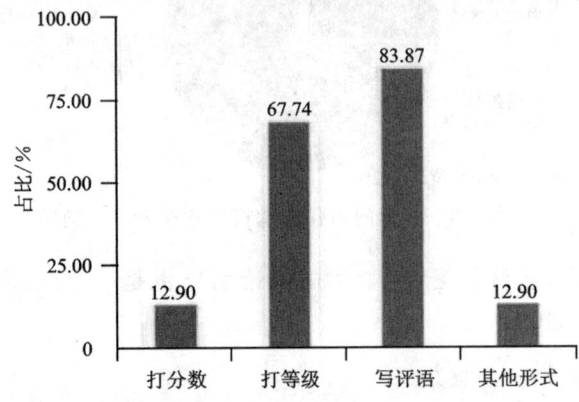

图 9-9　教师对习作的批改应该采取哪种形式(多选)

从教师问卷上看出,习作的评价方式以教师评价为主,剩下的会采用一些别的评价方式,采用的习作评价方式如图 9-10 所示。

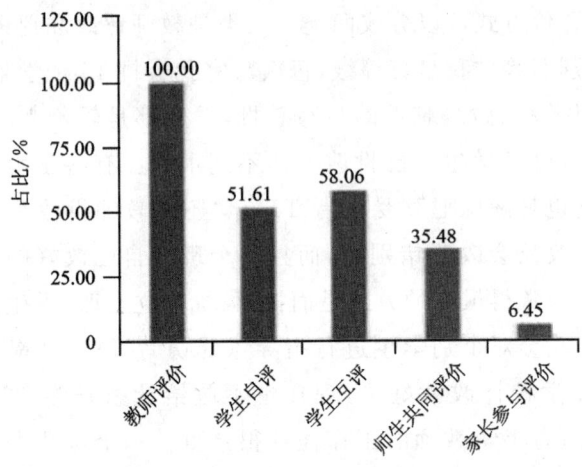

图 9-10　采用的习作评价方式(多选)

2. 教师习作讲评和学生自评

44.19%教师选择"教师主讲",53.87%的教师选择"课堂时间不足,无法一一指导"(如图 9-11),这样给学生的反馈是不足的,学生也不能根据自己的习作特点进行仔细修改,进步空间也会受到限制。而学生自评也反映出如下情况,教师反映61.29%的学生对于如何修改习作是一般了解,25.81%是不了解,12.9%是了解(图9-12)。

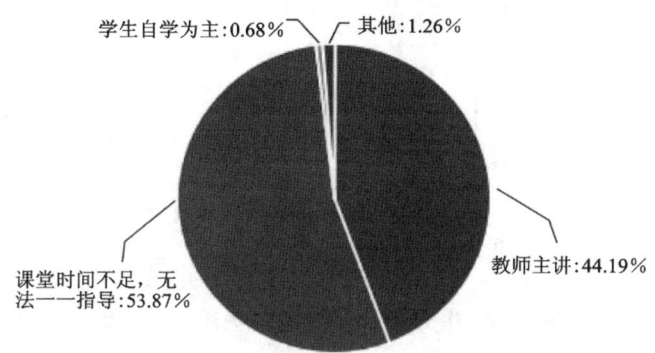

图 9-11　教师的习作评讲存在着什么问题

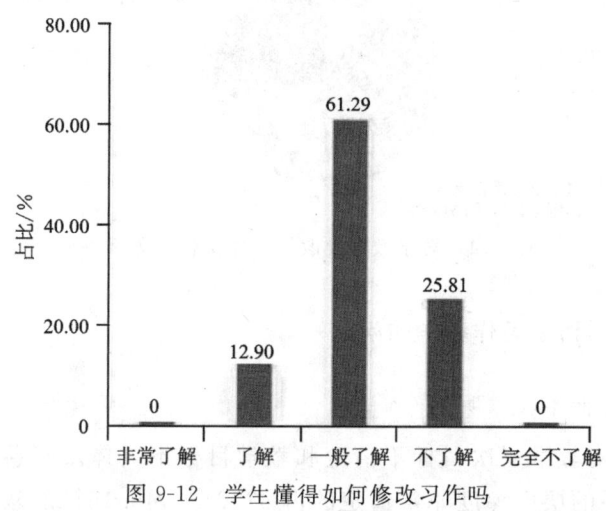

图 9-12　学生懂得如何修改习作吗

学生对于修改的反馈如下。对于问题"作文本发下去后你最关注哪个方面",59.71%的学生都会关注"教师的批注和评语",35.92%会关注"教师打的等级或分数",4.37%觉得"无所谓,写了就成"。对于"对于教师批改过的作文你会怎么办",61.65%的学生只把教师圈出来的错别字修改了,29.13%的学生会认真看教师的批语并修改,9.22%的学生觉得无所谓,写了就行了。对于喜欢怎样的作文批改方式,59%的学生表示喜欢教师批改,14%的学生喜欢同学互批,19%的学生喜欢自己修改,8%的学生表示无所谓。

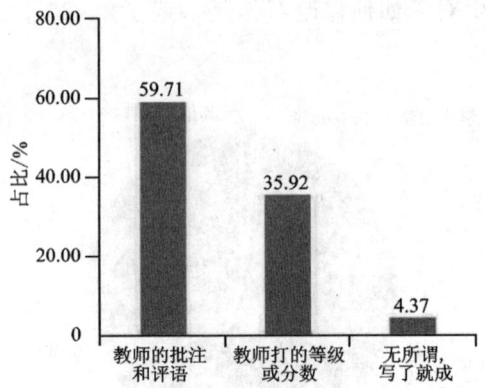

图 9-13　作文本发下去后你最关注哪个方面

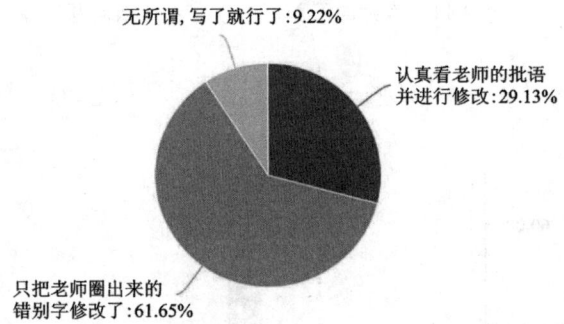

图 9-14　对于教师批改过的作文你会怎么办

三、粤北小学语文习作教学的问题

（一）教学目标不具体明确

第一，教师对教学层次目标不清楚和教学目标不具体。问卷数据显示教师对教学目标体系的层次梯度非常清楚的占 38.71%，45.16% 的教师会列出大致的习作目标，16.13% 的教师心中有习作目标，但没有列出来。第二，照抄教参、教材的教学目标。数据显示 90% 教师在确定习作教学目标时依据教材和教参的要求。第三，绝大多数教师不会投入心思研究教材，研究如何将有关于习作的语文要素、人文主题和学生生活联系起来，如何讲解习作单元，尽管教材已经有对于习作教学的侧重点，但仍然有大部分教师没有抓好文本诠释的侧重点，就如没弄清楚什么时候抓句子和词，什么时候抓详略的处理，还有什么时候要结合阅读课讲习作单元，这就导致目标明确不到位，进而也导致单元与单元的联系不紧密。

习作教学教学生如何表达是一场持久战,如果不精心处理每次习作课的教学目标,就不能很好地将整个小学的习作融会贯通,学生就会学到哪种内容和方式就只用哪种内容和方式,加之教师不清楚层次梯度,制定教学目标就会出现偏差,目标难度过高或者过低,都将不利于教学目标的精细确定。

产生这些问题的原因是各种教参资料五花八门,教师也过于依赖外在的目标指引,如照搬照抄教参,或不加思考直接采用教材上的,又或者稍微结合课程标准、教材和教参就确定教学目标,教师们缺乏独立思考,并不是在课程标准大方向指引和教材的参考下,理清层次目标,找到各种语文要素、人文主体和学生生活联系,再将各种联系结合仔细做文本诠释。当然教师们也认为自己并没有这样的时间和精力,舍不得花工夫,认为习作教学参考少、缺少教学序列和策略,而且大多数教师也较少去参考在习作教学上有成果的教师是怎么做的。

(二)教学内容局限于教材

虽然习作教学内容来源广泛,但数据表明,教师在习作教学时,直接采用教材的有74%,并且67.74%的教师认为教材编排的习作内容比较能满足现实的教学需要。部编版教材有序列化、立体化、生活化和具体化的优点,但也存在一些不足,由于部编版教材是要在全国范围内统一使用的,在编写的时候注重整体、着眼于全局,因此教材无法完全适合某个学校、某个班的学生的当下生活体验,甚至城市与乡村、南方与北方、发达地区与粤北等更大范围的特殊性、差异性都得不到体现。习作内容编排比较零散,每一学期都要学习各种题材、文体、品类的文章,这就导致同类型文体的习作训练散乱分布,每学期练习的次数少,浅尝辄止,刚学习到的写作知识、方法无法得到巩固拓展,所以在教学目标的要求上,教师要找到联系再确定目标是比较难的。"童化作文"教学的倡导者吴勇认为教材几乎没有"教学内容",他找到教材集体性的缺陷:习作教学关注的几乎都是"写什么",具体而清晰;至于"教什么",则含糊而笼统,这给习作教学带来了巨大的不便,也是影响当下习作教学时效性的一个根本症结所在。

笔者认为教学内容局限于教材,主要原因在于,教师绝大多数时候都是参照教材和教参进行教学,把教材当成全部,教师们认为部编版教材编排上科学有序、体裁丰富,加上课后小练笔、交流平台和习作例文,已经能够满足师生的教学需求,也认为自己比不上编排教材的专业人员,再单独安排其他习作内容,耗费时间精力并且影响教学进度。

(三)教学指导和引导不足

习作教学最大的问题应该是指导程序如出一辙,体现为指导简单,给学生写作框架、方法策略、套路,边讲范文边引领,学生写出来的作文雷同,真正走到学生身旁给建议的少之又少,习作教学的性质又使其不能实现个别辅导,教师也认为指导局限在课堂。访谈教师也表示习作教学方法很多,但一到课堂上发现用不上,还是用最简单的先教后写。

在引导上,首先,没有引起学生的写作兴趣。数据表明,61%的教师认为习作课重要,但对于是否喜欢上习作课,74%的教师选择一般,16%选择不喜欢。而在学生问卷中会发现,学生自己对于习作的兴趣并不高,问题"你喜欢写作文吗?"206人中135人都是一般的态度。其次,习作指导的方法和手段很多,但灵活运用教学方法和手段的只是少数,引导的方式也很零散生硬,引导学生怎么使用习作的策略方法和框架也是生搬硬套。最后,没有引导好阅读什么、怎么阅读和阅读的表达内化。整理学生问卷反映出学生对看课外书并不是那么积极,选择很喜欢和一般喜欢看课外书的学生,大部分都选择的是喜欢看漫画书和故事集。学生读书时的摘抄习惯,在教师的要求下摘抄的有35%,从不摘抄的有27%。

问题的原因有两个:第一,教师认为习作课是为了完成教学任务,简单指导便让学生动笔,教师的习作教学模式固化,并且缺少普遍的教学参考,习作课的指导来来回回都是先学审题—学框架—成文—修改,教师没有走进学生,不能关注学生的成长需求。第二,引导没有花工夫,没有在各方面的引导做体系规划。

(四)缺乏针对和开放性评价

在访谈中可以发现,教师评价局限在对作业本的评价和课堂总结评价上,针对学生的仔细评价最多就是精批和面批,且这样的方式受众面很小,打分数等级的评语对学生来说没有参考价值,教师的评语比较刻板,基本上就是:语言优美、详略得当、行文清楚、用到了某种修辞等,学生走马观花地看完评语,也不清楚自己的作文到底哪里出现了问题,在下一次的写作中容易反复犯错。

原因在于,教师评价的针对性意识不强。教师的作文评价方式和语言都缺乏新意,限制于修改错别字、语病和标点符号。即使某些教师会做一些评价表,但每次都是一样的评价水平,不能做到灵活变动。教师评价的开放性意识不强。一些教师因为自己不知道怎么指导学生自评,不愿意放手给学生自评,评价方式比较封闭。

(五)观摩学习和教学研讨不足

众所周知,研讨是能快速解决教学问题的途径之一,但笔者在见习和实习的学校都没有见过有专门为习作组织教学研讨,教研组也没有提出过相关问题,即便名师工作室有这样的研讨,受众面也不广,经验传播比较不足。笔者观摩过多次的课例示范和教学竞赛,实习学校习作课的探讨确实相较其他地区少,教师也很少在线上学习关于习作教学的理论和观摩习作课。在教师访谈"您认为习作教学有什么问题?"时,T2教师提出自己的看法:"教师教学方式陈旧,创作也仅限于课堂。如果说问题,我觉得应该是研讨能力不足,我们做习作的专题是比较少的,包括教师竞赛也很少有教师会选择讲习作课,导致教学参考很少。""就是习作教学的参考程度低,什么都要自己琢磨,如果你没有长时间的教学和下水,找不到合适的策略,也很难教好,我们去学习,很多教师也不会讲怎么样教作文,我自己也很苦恼作文教学"(受访者T5)。在问卷调查中,教师对小学习作教学的困惑67%选择缺少教学参考。

原因主要是,第一,粤北地区进行习作教学研究的名师和专家较少,如教师没有渠道学习,也没有办法去参加习作教学研讨,对外学习通常都是对教育政策的学习,或者是对某一方面教学问题的学习,观摩教育发达地区教学模式,学习教学方法。第二,许多名师的课程是不对外开放学习的,教师们难以找到学习资源。第三,教师没有花时间精力去了解哪些是有用资源,无论是线上线下都没有去观摩学习。第四,在实践中学习是最快的成长方法,但教师没有尽自己最大可能去实践操作课例和竞赛。

四、粤北小学语文习作教学的改进

(一)搭建支架,明确目标

首先,教师要了解学生的学情,把支架搭在学生的困难和薄弱之处,一方面可以在课堂上观察学生的习作情况,另一方面对学生的作文进行文本分析,评阅过程可以了解学生的习作问题。

其次,依据学生的情况,拆分复杂的教学目标,将其拆成具体而又明确的目标,同时,给学生做问题支架和图表支架。一些教师的教学中,精读课文、交流平台、初试身手、习作例文、习作等板块相互分割,缺乏层递性,以至于偏离了编者意图,难以完成单元学习任务。之所以出现这样的问题,在于教师没有正确认识单元内各个组成部分之间的逻辑关系,对整个单元缺乏系统的认识(潘照团,2020)。部编版小学语文教材习作教学体系总体上体现了单元的整体性和序列进阶性,因此,习作教学靠"单干"已不合时宜。只有整体策应,通盘考虑,单元习作才能真正"脱单"(杨峰权,2021)。教师要在符合课程标准的大前提下,划分阶段目标,应该要制定每个学年、每个学期和每个月的教学目标,并且细化到习作课上。如何细化呢？第一，确立习作目标，不能孤立地只看"习作"那部分的内容，必须关照单元整体(王林慧，2014)。要在单元内确定基本目标和精细目标，如四年级上册第五单元(习作单元)的教材目标就是"写一件事，把事情写清楚"，但与整个单元的课文都分不开，《爬天都峰》《麻雀》和习作例文全部都是讲作者怎么写事，这就指引教师除常规教学内容还要加上习作要素学习，不能再按照常规阅读课的方法教学阅读课文，必须明确基本目标是在习作要素指引下教学生学会写一件事，并且把事情写清楚，精细目标就是弄清记叙事情的本质，发现写清过程的规律，感悟写清重点的方法。在这里问题支架就可以是，你准备写什么事情？你要怎么写这个事情？重点写什么？图表支架可以是按照写事六要素做一个表格，根据表格梳理和丰富细节。第二，注意单元与单元之间的目标之间的联系，如四年级上册第五和第六单元，写一件事和记一次活动，内在联系都是如何写清楚。第三，阶段整合构建，小学阶段的习作教学虽然在不同的学段会出现相近的主题，但其目标是由浅入深、先易后难的(沈丽英，2011)。明确阶段目标让每次习作都是相对比较独立的，前一次教学是后一次教学的基础，后一次教学是前一次教学的延伸，每一次的习作教学目标又建立在学生学情的基础上，这样就可以比较大幅度地提升学生习作水平。

(二)教材为主，适当拓展

作为教师，教学内容可以基本采用教材上的，但理应具备辩证地使用教材的能力，使得教学内容更加贴切学生写作水平和生活体验。

1. 同系列训练

我们前面也提到了部编版教材的缺点，同类型文体的习作训练分布是比较散乱的，问卷中也得知一个学期按照教材编排布置8次习作是最基本的，有一半的教师一个学期布置8次习作以上，可见要提高习作水平，练是必不可少的。比如四年级下册第六单元"我学会了——"，学生不仅可以写生活技能，还可以写"我学会了做贺卡""我学会了做陶瓷"等，将自己所做的实体手工作品带来学校展览。

"小练笔"是习作教学的有效训练途径，也是习作教学的一种重要形式，"小练笔"为习作教学积累写作内容，有效激发学生的写作兴趣，为习作教学打下良好的基础，所以，教师对学生进行习作训练时不可忽视"小练笔"(朱旭光，2020)。"小练笔"可以作为简短的同系列训练，可以以阅读课文为载体，通过增加"小练笔"次数，学习文章的篇章布局，锻炼遣词造句的能力，读写结合，精准训练。学完课文趁热打铁训练是非常有作用的，抓住"小练笔"的机会，一些课文会反复出现一些修辞手法,如五年级上册《白鹭》一课,"那雪白的蓑毛,那全身的流线型结构,那铁色的长喙,那青色的脚。"学生能仿照写自己见过的动物;课文《海底世界》句式"有的……有的……有的……",学生看到操场的人都在干什么,就可以立马使用这个句式来写。

2. 加入地方特色

还可以在教材不能满足地区学生亲身经历体验的事件上做改变。例如韶关地区的孩子们不容易亲身体会北方下鹅毛大雪和面朝大海时的所思所想,可以改为面对丹霞地貌时的所思所想。再如部编版四年级下册第五单元游某个地方,学生可以做仿写或者拓展——游丹霞山。学生实在不能亲身经历某些事,教师就要发挥作用,如斯霞教师在上课之前带学生去公园参观,参观完再上课,写"游园"。

(三)重视指导,引导提升

有效的习作指导课是"指导"和"引导"的结合。

1. 留心观察,从说到写

要做好习作指导,首先要抛弃之前教学的程序。小学生习作是一个复杂的思维过程,从本质上说,是由意到言的转换。"意",即想表达的内容或想法;"言",即所说的话,这里特指书面语言(纪素芳,2020)。首先给学生创设观察和思考的空间,观察思考过后,说感官所感受的,学生的说就是和教师的交流,教师在学生说之后立马给出反馈建议,解决学生用到的方法、用词和表达中存在的问题,帮助学生理清思路,再用更有逻辑的语言表达,在说的基础上就可以写得更好。

2. 习作教学与其他教学相结合

教师在习作教学时,"精读课文的学习重点"能指向写作知识、方法;"交流平台"能够及时总结单元的重点习作方法;"初试身手"可以给学生机会选择运用学习的表达方法尝试写作;"习作例文"主要站在学生的立场和角度,看本单元训练的关键因素在例文中是如何体现的,以贴近学生现实的表达,引导其顺利走进习作中。

在教学实践中,习作教学还可以与阅读教学、口语交际教学相结合。如可以在阅读教学中重视诠释作者的情感及其表达,让学生学会如何通过习作表达感情;在口语交际教学中,将口头表达上升到言语提升,指导学生在"说"的基础上进行流畅的书面表达。

3. 引导提升习作素养

习作教学的首要目标,就是唤醒儿童的写作欲望(黄利明,2007)。在兴趣上的引导,是习作教学难突破的点,学生和教师问卷都可以看出大多数学生和教师对习作并不感兴趣。教师首先要自己爱上写作,教师有信心学生才能跟着有信心,千万不要灌输作文在考试中占比大,作文多么难的思想,不要让学生对写作产生畏惧心理,要经常夸奖学生,鼓励他们写作。

其次是阅读和摘抄的引导,正所谓阅读是学生获得作文范例的基本途径,是写作的基础(薛彩云,2021),阅读和摘抄是相辅相成的,教师知道阅读课内课外的书籍都是有必要的,在课堂上遇到某些表达很精美的词句时也会让学生摘抄,课外学生也会摘抄读书笔记。但学生读和抄记都很表面,没有将知识转换为自己的东西,学生的习作呈现出的共性问题是:写进习作的材料多而乱;段落内容重复、条理不清;没有将原材料中的语言转化为自己的话(Jing,2020)。要想学生的阅读水平和摘抄能力提高,我们可以做以下整理。第一,阅读摘抄课内的优美词句,专门做一本课堂摘抄本,做好分类,分成词语积累和运用、句子句式积累联系和仿写续写三部分。第二,另外备一本课外摘抄本,看课外书觉得优美就摘抄,摘抄下来要会用,教师利用课前五分钟,让两位同学上来分享抄了什么,怎么进行变式仿写,一周语文课至少可以叫20位学生上台分享。教师也要每天抄一个经典词句在黑板上,让学生早读课读一读。新西兰有学者就提出课前三分钟不仅能有效锻炼学生听、说、读的能力,而且能激发学生的写作兴趣(Zhu,2019)。第三,教师应该鼓励学生从头到尾阅读,经常有目的地为学生挑选一些书籍和优秀文章,教学生总结阅读技巧,并将其内化(徐培林,2018)。在这里,教师可以根据年级和学生的阅读水平,做一个必读书目清单,学生从中挑选借阅或者购买,教师也需要每个月在教室放两本,解决学生不知道读什么和摘抄什么的问题。这样长期下来,很多东西都会变成自己的东西,写作文时不至于乱而杂。

(四)丰富评价,重视自评

小学生习作评价是小学习作教学不可或缺的一个环节。习作评价不光是对学生的习作进行优劣、好坏之分,打一个分数或给一个等级而已,更主要的是给学生指出习作存在的问题,指明改进的方向。习作评价的重要性是不言而喻的(蔡琰,2016)。

1. 加强针对性评价

从问卷调查中可以得知教师们对于习作后的评价没有习作前和习作中那么重视,教师辛辛苦苦地批改好学生作文,写上眉批、总批,遗憾的是很多学生一看分数便将习作束之高阁,少有学生能研究教师修改的原因和评语的意图。这种传统的以教师为主的评价体系让学生的参与缺失,让习作的读者局限在写的学生和教师两个阅读对象之内(邹花香,艾芝萍,2019)。反映了教师的评改是在做无用功,学生的修改停留在表面。那么为了在学生自我修改之前,让学生知道应该修改哪里,我们可以制定一个评价标准,如表9-5所示。

表 9-5 评价标准

书写工整,无错别字				习作内容符合要求				结构完整,标点符号正确				真情实感,语句通顺				语句优美,运用得当	综合评价
优	良	合格	不合格	优	良	合格	不合格	优	良	合格	不合格	优	良	合格	不合格	加分项	
评语:																	

如表9-5所示,该评价标准有更强的针对性,前四项是基本评价,"词句优美运用得当"是加分项,每个项目对应四个等级,学生可以根据教师对自己的评价,明白自己的优缺点在哪里,并有针对性地提升。

2.开设丰富的评价栏目

上述评价标准客观公正评价了教师教学效果和目的,但学生是有差异性的,难免有些学生会觉得评价枯燥,评价也不可能一成不变,所有学生也不可能长时间用同一把尺子衡量,可以根据学情,多角度评价。比如学生题目写的新颖,能够吸引眼球、想法大胆有创造性、某些句子写得好、片段写得好传神、字特别工整美观等,教师可以根据这些设置一些称号,如题目新颖奖、书法大师、短篇(片段)文学大师、创作想象小作家等;再根据表9-5和这些开放性的评价做一个积分,当积分达到设定的分数时,颁发奖状,升级为班级小作家,班级小作家可以赚取自己的实物奖品和稿费。

3.给予学生自评建议

学生习作的修改范围应该包括内容、思想和语言表达,修改的途径可以是自改和互改等(吴凤霞,2021)。依据教师的评价表格初步了解如何修改后,教师可以放手让学生自己当小老师来修改。第一,根据教师给的评价标准,改正明显的错别字和语句,达到最基本的标准,看立意结构、思想等是否达到基础要求。第二,让学生展示自己的作品,就是要他读给任何人听都可以,看看哪里不顺畅、不准确。如吴凤霞老师所提出的"自主互动,赏评结合",就用在了课堂上。教师让学生认真读一遍同学交换过来的习作,用着重号标出优美的词句和段落,并在小组内欣赏后评出优胜者。在此基础上,班内举行"小小诵读会"或者"小小演讲会",将标出的优美段落在班内交流。这个方法是通过诵读优美的词句和段落来体现对同伴习作的欣赏,达到读和写的有机统一。第三,每个学生轮流将自己的作品贴在教室,大胆接受其他同学的指正,看用词是否得当,描述是否灵动,表达是否丰富。第四,看作文参考书。学生在最后才能看作文参考书,参考别人是怎样描述的。

(五)观摩学习,提升素养

在对教师的访谈中发现,不少教师缺乏系统的习作知识和习作教学知识,缺乏基础的习作教学理论素养和阅读相关文献的意识,自己也缺少写作经验,多是学习借鉴别人的策略、方法,不够系统。教师自身有提升习作教学能力的愿望,但是当前多是靠教师自学,自己摸索,又苦于时间、资源和自身能力不足,无从下手。

首先,我们发现对习作教学有深入研究并有成果的教师,都是经常各处学习观摩,参与活动的教师,那么我们教师可以自己组织关于习作教学的研究,形成校内体系。例如,成立习作研讨小组,收集教师们对于习作教学的各种问题进行讨论,利用学校资源和社会资源,接触名师,向名师学习,改变自己苦于摸索的现状。

其次,教师也要多花时间精力去参考其他教师的成果,去学习教学理论经验和阅读文献。例如可以线上购买在习作教学方面有成就的教师的课程和书本,观摩习作教学的课例和讲座,再结合自身的教学经验,形成自己的习作教学体系。

最后,教师自身也要提升专业素养,为习作教学的改进做铺垫。一方面,可以建立教师习作教学能力标准或者评价体系,教师能够对照体系,发现自己的不足,明确努力的方向。另一方面,可以构建一个提升教师语文习作教学专业能力的模型,组织语文习作活动,促进教师语文习作教学专业发展。多实践打磨自身习作素养,多下水写作,多参加习作教学的竞赛和课例评比,在实践中成长。

综上所述,粤北小学语文习作教学是粤北基础教育高质量发展不可或缺的组成部分,粤北基础教育高质量发展对小学语文习作教学要给予充分关注。

第十章　粤北小学劳动教育的问题及改进[①]

2020年3月发布的《中共中央 国务院关于全面加强新时代大中小学劳动教育的意见》中指出："坚持立德树人，坚持培育和践行社会主义核心价值观，把劳动教育纳入人才培养全过程，贯通大中小学各学段，贯穿家庭、学校、社会各方面，与德育、智育、体育、美育相融合，紧密结合经济社会发展变化和学生生活实际，积极探索具有中国特色的劳动教育模式，创新体制机制，注重教育实效，实现知行合一，促进学生形成正确的世界观、人生观、价值观。"新时代对劳动教育提出了新的要求，新时代赋予了劳动教育活动新的任务和使命。为此，劳动教育也受到了学界的重视。文新华(1995)对劳动、劳动素质与劳动教育概念进行了区别，檀传宝(2018)对当前我国劳动教育存在的问题、原因及对策进行了分析，谷贤林(2018)介绍了美国学校如何开展劳动教育，肖绍明和扈中平(2019)探讨了新时代劳动教育何以必要和可能，张磊和倪胜利(2019)对身体视域下的劳动教育的文化内涵、价值意蕴与实践路向进行了分析。比较而言，针对特定区域小学劳动教育实施的研究仍显不足。本章旨在分析粤北小学劳动教育实施的现状、问题及改进，期有助于粤北基础教育高质量发展。

一、研究设计

（一）概念界定

劳动教育是与生产活动结合起来的活动，指使每个学生在劳动中学习到基本的劳动知识和技巧，使学生形成正确的劳动价值观和主观能动性，养成爱好劳动的良好习惯的教育活动(顾明远，1998)。

（二）研究方法

其一，文献研究法。本研究通过知网等一些较为权威的学术研究网站查阅和整理分析了有关劳动教育的文献资料，包括国内外著作、期刊、论文等，并在对这些文献的参考和借鉴过程中形成了自己的见解和观点，这些见解和观点都是

[①] 韶关学院教师教育学院2017级学生廖文强参与本章初稿撰写，特此致谢！

建立在参考文献的理论基础之上的,目的是为本研究提供科学的理论基础和依据。

其二,问卷调查法。本研究设计了教师版和学生版的调查问卷,旨在调查了解粤北地区农村小学劳动教育的实施基本现状。问卷的设计围绕着劳动教育的地位、价值、目标、内容、实施、评价等六个维度进行。教师版调查问卷的设计目的是了解教师对于所在学校劳动教育的认知情况以及学校实际的劳动教育现状。学生版调查问卷的设计目的是更好地了解小学生对于劳动以及劳动教育的态度和认知,了解小学生所在学校劳动教育的内容和实施情况,以及调查了解小学生现有的劳动技能和能力,并在此基础上发现劳动教育实施过程中存在的问题以及存在问题的原因,相应地提出改进对策和提升路径。

本研究选取粤北一所小学作为样本进行问卷调查,由于该校教师数量较少,回收问卷56份,每份答题都有效。学生版的问卷发放主要集中于中高年级学生(表10-1)。

表 10-1 调查问卷数据统计

问卷类型	学生问卷	教师问卷
发出问卷数/份	200	200
回收问卷数/份	163	56
问卷回收率/%	81.5	28
有效问卷数/份	163	56

其三,访谈调查法。为了补充调查问卷中没有反映的内容,特编制了教师版访谈提纲和学校领导版访谈提纲。提纲所围绕的维度主要是劳动教育的实施问题及改进对策,提纲的设计有利于更好地了解和研究劳动教育的实施现状、存在的问题以及问题存在的原因,对所研究的内容进行补充说明,从而更好地提出改进对策及提升路径。本次共访谈8名教师和3名学校管理人员,8名教师都是从中高年级教师中随机选取(表10-2)。

其四,个案研究法。本研究抽取粤北地区Y小学作为研究的个案,对该所小学的劳动教育实施现状及存在的问题进行了深入的调查和研究,基本上了解到了该所小学劳动教育实际的实施情况以及存在的问题,为提出有针对性的提升路径奠定了良好的基础。

表 10-2　受访者信息与访谈情况

受访者编码	性别	人员类别	职称/职务	访谈方式	访谈日期	访谈方式	访谈时长
受访者 A	女	教学人员	教师	线上	2021/1/24	线上	约 20min
受访者 B	女	教学人员	教师	线上	2021/1/24	线上	约 20min
受访者 C	女	教学人员	教师	线上	2021/1/24	线上	约 30min
受访者 D	女	教学人员	教师	线上	2021/1/24	线上	约 20min
受访者 E	女	教学人员	教师	线上	2021/1/24	线上	约 20min
受访者 F	女	教学人员	教师	线上	2021/1/24	线上	约 30min
受访者 G	女	教学人员	教师	线上	2021/1/24	线上	约 20min
受访者 H	女	教学人员	教师	线上	2021/1/24	线上	约 40min
受访者 I	女	管理人员	主任	线上	2021/1/24	线上	约 30min
受访者 J	男	管理人员	副校长	线上	2021/1/24	线上	约 40min
受访者 K	女	管理人员	校长	线上	2021/1/24	线上	约 40min

二、粤北小学劳动教育的现状

（一）劳动教育实施

通过对粤北地区 Y 小学的教师和学生进行调查了解并收集该校课程表得知该校低年级段并没有设置与劳动教育相关的课程，中高年级段也没有设置与劳动教育相关的课程。全校的课程设置主要为语文、数学、英语等主要科目的设置。调查结果显示，该校有 89％ 的学生表示学校并没有开设与劳动教育有关的课程，7.6％ 的学生表示在一个星期里只有一节劳动教育课，3.4％ 的学生表示学校一周时间内有较多节劳动课（图 10-1）。从这里可以看出，劳动教育活动课程在学校的课程设置中并没有得到足够的重视，劳动教育课程设置情况不容乐观。

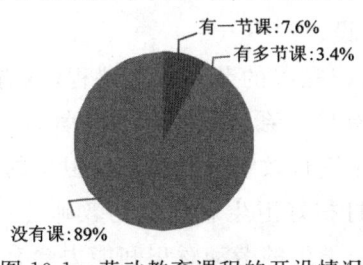

图 10-1　劳动教育课程的开设情况

另外,有46%的学生表示在综合实践课上会渗透劳动教育内容,有12%的学生表示学校的劳动教育校本课程里包含劳动教育内容,但是经调查发现该校并没有劳动教育校本课程,有23%学生表示劳动教育内容会在日常学科课程教学中得到渗透,还有19%学生表示从来没有学习和接触过劳动教育内容(表10-3)。

表10-3　学校课程中对劳动教育内容的渗透情况

选项	学生数量/人	百分比/%
综合实践课	75	46
校本课程	20	12
学科课程	37	23
无	31	19

调查发现,该校的综合实践课设置于中高年级段,其他年级并未开设,而且大部分学生表示在综合实践课中并未学到相关的劳动教育内容,由此可知,学生们在学校内受到的劳动知识和技能的教育较为薄弱。

受访者A表示,"学校并没有设置系统完善的劳动教育课程,但是教师在教学过程中会进行劳动教育内容的渗透,一般来说并不是每节课都会去渗透劳动教育内容,何时去渗透还要取决于教学内容与劳动教育内容的关联度,如果关联度不高也不会具体去讲。作为班主任,对学生进行的劳动教育更多的是让他们每天进行班级值日,打扫学校和班级卫生,通常会让他们扫地拖地、擦桌子和窗户玻璃以及黑板等。大扫除的时候学生们都能够积极行动。"

由此可以分析出学校并没有充分意识到劳动教育课程的重要性和开设实施的必要性。在对教师和学校领导的访谈中可以发现,学生对劳动教育的认识存在一定的片面性,而且教师以及学校领导对劳动教育的认识也存在一定的问题,即使学校开设了与劳动教育有关的课程,教师也可能会不清楚如何进行该门课程的教学,甚至可能会占用劳动教育课时间来上语文、数学、英语等课程,劳动教育课程在此情况下形同虚设。

由于该校没有设置系统完善的劳动教育课程,没有把劳动教育课程纳入学校教学体系里,学生并没有接受系统完善的劳动教育课的机会。但是在该所小学,教师每天都会安排学生进行教室卫生和学校卫生的打扫等劳动活动,学生每个人轮流值日,如果没有打扫好卫生就会受到教师的指正与反馈。该劳动教育模式缺乏系统性和完善性,学生的劳动意识和能力会有所提高,只是提高得会较为缓慢。

第十章 粤北小学劳动教育的问题及改进

（二）劳动教育管理

1. 学校缺乏专门的劳动教育场地

调查结果显示，76.60%的学生表示学校没有专门劳动教育场地，18.33%的学生表示劳动教育在教室进行，3%的学生表示劳动教育在社区进行，2.07%的学生表示劳动教育在操场进行（图10-2）。

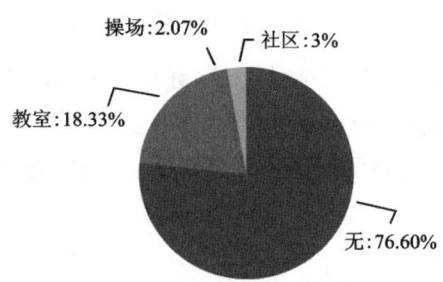

图10-2　学校劳动教育场地设置情况

受访者B表示，"政府和教育部门即使要求每个学校要设立劳动教育教学类的课程，但它们并不能保证给每所学校配备专职劳动教师，专职劳动教师严重缺乏，这不足以满足一所小学这么多学生的劳动教育需求，因此劳动教育课程在学校的设置和实施也就不容乐观，劳动教育课的时间与课时也就被大大地缩减了。"受访者C表示，"在以前的学校课程设置中是有设置劳动教育课的，劳动教育课有专门的用书，并且每节课都会像其他课一样正常地上，劳动教育课的教学内容主要是动手操作的内容，包括缝补衣服、洗衣服、打扫卫生、植树浇花等内容。然而现在的学校更加关注的是智育方面的知识和能力，这些劳动教育课程也就慢慢地从学校课程设置中消失了。"

通过以上内容分析可以得出，学校并没有根据政府及教育部门的要求设立相应的劳动课程，表现出学校对于这一要求的不重视，学校在专职教师以及专业场地上也有严重短板，因此，学校实施劳动教育的阻力较大。

2. 劳动教育专职教师配备不足

经调查分析，76%的学生表示学校没有配备专职劳动教师，只有6.3%的学生表示有专职教师。学校严重缺乏专职的劳动教育师资（图10-3）。

受访者D表示，"学校的劳动课没有专门的任课教师，劳动课的教师主要都是学科教师。像我们班的数学教师兼任劳动课老师，但他可能就会占用这个劳动课直接上数学课。在别的年级，教师可能会讲一点点关于劳动教育的知识和技能，剩下的大部分时间会让学生自习。"

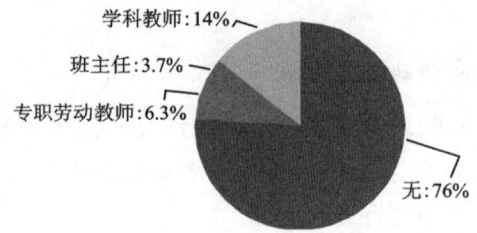

图 10-3 学校劳动教师的配备情况

调查结果显示,该所小学没有专职劳动教师,也没有专业的劳动场地和场所,学生们进行劳动实践活动的场地主要集中在教室和操场,学生缺少专业劳动教师的指导。从中可以看出,该学校对劳动教育活动及其实施还缺乏一定的认识。

(三)学生认知态度

1.学生在家做家务情况不佳

学生在家做家务的情况反映了学生对劳动教育的认识和态度。通过调查发现,偶尔在家能够主动帮助父母做一些家务的学生占74%,经常在家里做家务劳动的学生只有12%,有14%的学生在家从不做家务(图10-4)。

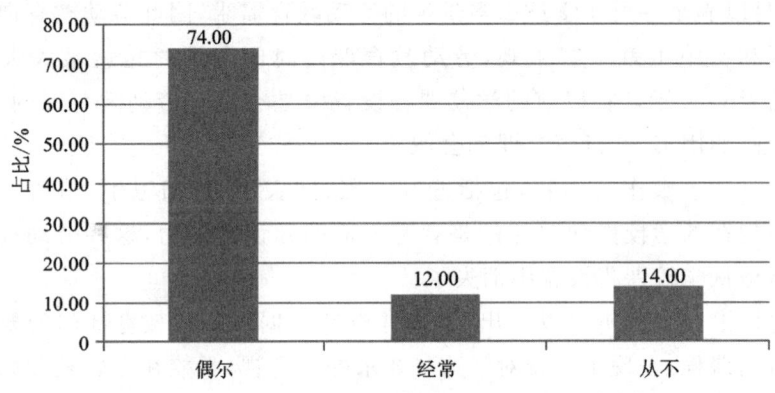

图 10-4 学生在家主动帮助父母做家务的情况

家庭是除了学校以外最重要的教育场所之一,对学生的发展和成长有着重要影响。但是在现实的家庭教育条件下,家长在给孩子提供优质的家庭生活环境时却没有让孩子做一些力所能及的家务劳动,一些家庭给孩子灌输"学习最重要"的观念,一点家务活都不让孩子做,这样反而会害了孩子,孩子在家庭中接受不到一丁点劳动教育,在实际生活中也没有进行家务劳动等一些劳动活动,学生的劳动知识以及技能的学习状况也就不容乐观了。只有少数的学生会在家主动帮助父母做家务。

2. 学生能够平等看待劳动与学习

82％的学生能够认识到学习与劳动具有同等的重要性,10％的学生认为学习比劳动更加重要,3％的学生认为劳动与学习重要性都不大,5％的学生则认为劳动重要性更大。可以看出,大部分学生都知道学习与劳动都很重要,把它们放在了平等的位置上(图10-4)。

表 10-4　学生看待劳动与学习关系的情况

选项	数量/人	占比/％
学习重要	16	10
劳动重要	8	5
同等重要	133	82
都不重要	6	3

受访者 E 表示,"由于学校更为重视的是学生智育方面的成绩,更加重视学生基础知识的掌握和理解,本着对学生负责任的态度,在课堂上以及课下更为重视的是学生的知识内容的学习掌握和他们在智育方面的成绩,几乎没有谈论学生的劳动教育问题。"

3. 学生基本能够正确认识劳动性质

62.32％的学生认为劳动岗位没有差别,也没有好坏之分。23.14％的学生不清楚,而14.54％的学生表示劳动岗位有好坏之分(图10-5)。可以看出,许多学生能够正确认识劳动的性质,但仍有小部分学生不清楚或者认为劳动岗位有高低贵贱之分。家长和教师要在课上或课下对学生进行正确的认识引导。

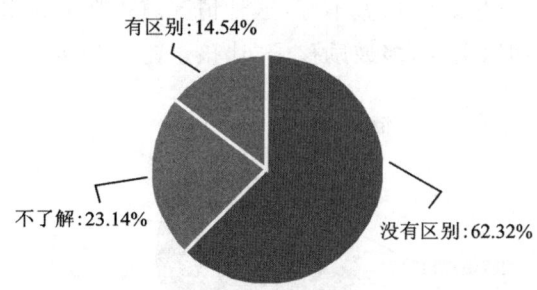

图 10-5　学生对劳动性质的认识情况

4. 学生对劳动知识理解情况不乐观

经调查发现，62%的学生表示劳动包括扫地拖地、洗衣做饭等体力劳动活动，12.2%的学生表示劳动不包括这些活动，25.8%的学生不清楚劳动包括什么。45.23%的学生表示劳动包括科学小发明、科学小实验，20.5%的学生表示不包含，还有34.27%的学生不清楚是否包括（表10-5）。

表10-5　学生对劳动知识的理解情况

问题	选项	人数/人	百分比/%
劳动包括扫地拖地、养猪养鸭、洗衣做饭、种植花草吗	包括	101	62
	不包括	20	12.2
	不清楚	42	25.8
劳动包括科学小发明、科学小实验吗	包括	74	45.23
	不包括	33	20.50
	不清楚	56	34.27

表10-5问卷中的两道题目一道是为了了解学生对劳动中体力劳动的理解情况，第二道是为了了解学生对劳动中脑力劳动的了解情况，体力劳动与脑力劳动都属于劳动教育活动的范畴。经调查得出，一些学生对劳动知识的理解情况不容乐观。

5. 学生缺时间和信心进行劳动活动

72%的学生表示不想劳动是因为没有时间或怕做不好（图10-6）。由此可见，许多学生并不是排斥劳动，而是没有时间去劳动，大部分时间都要用在学习上。另外，还有部分学生表示怕做不好，这种情况就需要教师和家长多对孩子进行正确的劳动教育加以引导，多鼓励孩子，让孩子树立劳动信心和信念。

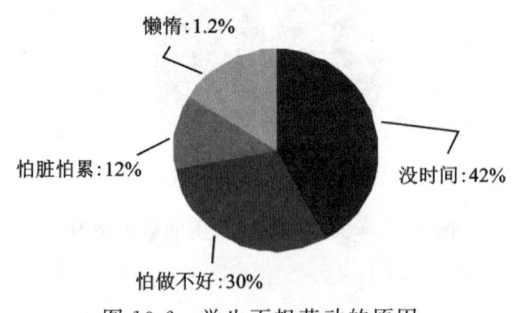

图10-6　学生不想劳动的原因

6.学生能意识到劳动教育的重要作用

76.6%的学生认为劳动教育对自身发展有着重要作用,而5.2%的学生表示劳动教育对自身发展不起作用,有18.2%的学生不清楚劳动教育对自身的发展有没有起到重要作用(图10-7)。有一些学生还没有认识到劳动教育的重要作用。在这种情况下,更需要有专业的教师对学生进行指导,提高学生的劳动兴趣。

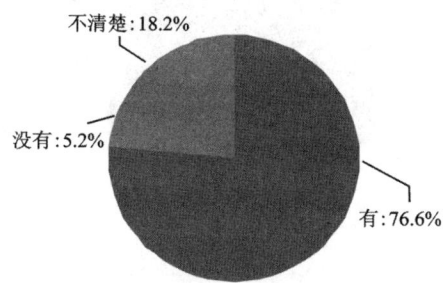

图10-7 劳动教育对自我成长的作用

7.教师通过劳动对学生进行惩罚

有52.00%的学生表明,教师从未使用劳动的方式来惩罚自己,20.30%的学生表示教师曾有过这一行为,还有27.70%的学生不清楚这一情况(图10-8)。

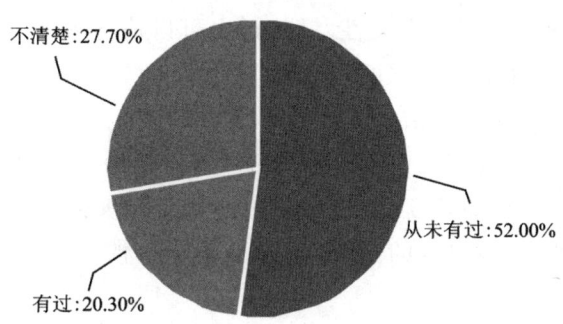

图10-8 教师将劳动作为惩罚手段的情况

教师F表明,"在我们班,我会鼓励学生劳动,表现优良的同学才能去劳动。通过鼓励,学生会更加积极参与劳动,更加热爱劳动,认为劳动是一件很光荣的事。"

通过对访谈结果的分析和研究,还有部分教师认为劳动可以作为一种惩罚手段,这样的方式会让学生对劳动失去兴趣和意愿,不利于培养学生的劳动意识。这种方式忽略了劳动教育的本质,容易抹杀学生对劳动的热情和兴趣。

8.学生更喜欢以劳动活动教学为主的劳动课

经调查了解到,42.00%的学生更喜欢上以劳动活动为主要教学内容的劳动活动课,39.90%的学生偏好讲课与劳动活动相结合的劳动课,18.10%的学生偏好以讲解为主的劳动课(图10-9)。

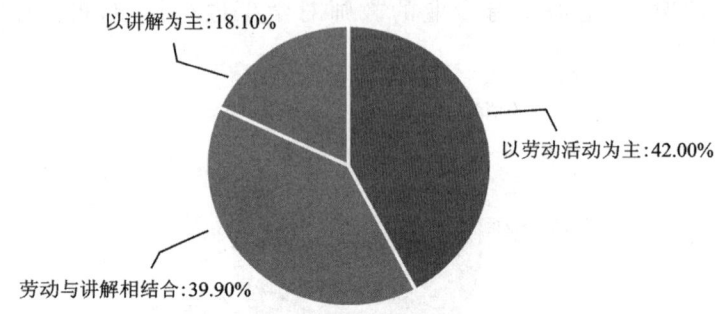

图10-9 学生更喜欢的劳动课程形式

受访者 G 表示,"讲授和劳动活动相互融合的劳动教育课形式更为适应小学生的身心发展特点,这一类劳动教育课具有灵活性和实践探究性,与小学生天生的活泼好动性相适应,有助于充分调动小学生参与劳动的热情和积极主动性。所以,学校在今后的劳动课程设置上要注意与校外相关的社会劳动实践组织、工厂、农场联系,让学生能够对劳动有一个更为直接的体验,进而有效激发起小学生对劳动活动的热情和积极主动性。同时,也可以请优秀的劳动榜样到学校给学生们上课,提高学生的劳动意识和热情。"

通过对调查数据和访谈结果的分析,42.00%学生喜欢以劳动活动为主的劳动课,在学校的劳动教育课程内容设计上可以多安排一些劳动活动内容,让学生更加积极主动地参与到劳动实践活动之中去,在劳动实践活动中增强自身的劳动认知和劳动水平,培养自身的劳动热情和良好的习惯。

(四)教师认识态度

1.教师基本上认为学校开设劳动教育课程是必要的

受访者 H 表示,"学校没有必要开设专门的劳动教育课程,因为学生在平时会做一些值日活动,如扫地、擦黑板和窗户等,另外学校每学期都会安排组织每个学生到学校外面去参加一些社会性劳动活动和社会公益性劳动活动,我觉得这些劳动教育内容已经够了,即使学校开设了劳动教育课程,也没有相应的劳动课教师给学生上课,最后还是得让我们这些学科教师来上。"

受访者 I 表明,"学校开设劳动技术课程是有必要性的,小学生需要更多的劳动知识和技能方面的指导,开设这些课程也有利于培养他们的劳动意识,让他们能够更加自觉地做好每天的值日工作,懂得劳动者的艰辛,体会劳动的光荣。"

从以上访谈结果可以分析得出,有的教师认为没有必要设置劳动教育课程,因为劳动教育课程需要有相应的教师配备,而且学校已经有相关的劳动教育内容了。有的教师则认为设置劳动教育课程是非常有必要的,劳动教育课程的开设有利于提高学生的劳动认知和劳动主动性,让他们更加能体会到劳动的光荣,更加喜欢劳动,养成优良的劳动生活习惯,更加懂得劳动活动的价值。持后一种观点的教师更多。

2. 课堂教学劳动教育内容渗透较少

受访者 J 表示,"在课堂教育教学过程中一般不会去渗透有关劳动教育的内容,除非这节课的教学内容与劳动教育内容有很大的关联,如这课内容是讲关于劳动的一些人或事,讲的主人公是优秀的劳动者,这种情况下我才会渗透劳动教育内容。"

由此可见,教师在教学过程中会视情况来进行劳动教育内容的渗透,但总体来看,渗透的次数并不会太多。因此,学生受到劳动教育的机会也就更少了。

3. 学校开展劳动教育阻力较大

受访者 K 表示,"家长对自己的孩子劳动教育观念是否正确会对学校开展劳动教育产生重要影响。有的家长认为孩子还小,什么是劳动也不懂,就算劳动也不会做好,甚至会添麻烦,他们认为孩子的学习才是最重要的,于是就会让他们把所有时间都放在学习上,舍不得他们做一点家务劳动。另一个是学校开展劳动教育的条件较差,即使开设了劳动教育课程也缺乏专职的劳动教师。另外,劳动场地需要与校外农场和工厂建立联系,这一点也不好实现。学生到校外参加社会实践活动的安全保障也需要一定的力量。"

综合以上分析研究,劳动教育课程在学校的开设需要有一定的条件进行支持,需要有相应的专职教师配备,家庭和学校的劳动教育实施情况会相互影响。学校开展劳动教育活动需要有一定的人力、物力、财力的支持,教育部门要给予学校劳动教育开展的保障,家庭和学校劳动教育要形成合力,共同为学生的劳动意识和能力的提高作出努力。

三、粤北小学劳动教育的问题

(一)课程专职教师缺失

调查结果显示,所调查的小学并没有设置系统和完善的劳动教育课程,虽然有一定的劳动教育实施,但是并不系统和全面,劳动教育的内容主要为日常的值日活动和打扫卫生等。劳动教育并没有被该所小学正式列入教学体系当中,学校并不重视劳动教育课程的开设及实施。此外,该校没有配备劳动课的专职教师,即使开设了劳动教育课程也会因专职教师的缺乏而难以实施,因此该校面临的问题是劳动教育课程与专职教师的缺失问题,这两个问题又是紧密关联的。同时,学校并没有专门进行劳动教育的场地、场所和教育设施,劳动教育一般只能在学校操场或教室进行,由此可见,该所小学不管从硬件还是软件上都存在一些问题,并且这些问题也是阻碍学校实施劳动教育活动的重要因素。

(二)教育过程较为随意

所调查学校在开展劳动教育方面并不重视,没有给全体学生提供一个有目的、有计划和有系统性的劳动教育课程和教学。虽然该校有一定的劳动教育实施,但内容主要是日常的值日活动和打扫卫生,并没有开展丰富多彩的劳动实践活动。学校认为学生当前最主要的任务是搞好学习,把智育方面的成绩作为评价学生的唯一标准,而忽视了学生劳动认知和技能方面的教育和培养;在实施劳动教育活动的过程中并没有科学合理的劳动理论指导,而是让学生在简单的值日活动或打扫卫生等活动中自由活动。学校没有很好地给予学生正确的劳动教育指导,并且有的学生在值日活动过程中容易偷懒,导致形式主义的出现,学生在这种劳动教育活动下并不会形成有效的劳动意识和能力,劳动教育并不会产生理想的效果。

在访谈过程中发现,有的教师认为学校没有必要开设专门的劳动教育课程,因为学生每天都会有相关的值日活动,如打扫卫生等,认为这些内容对于学生来说已经足够了。很显然,该教师并没有深刻认识到劳动教育课程对于劳动教育的开展和发展的重要性。除此之外,经调查发现,有的教师会把劳动活动作为惩罚违反纪律学生的一种手段,每当学生迟到和早退、上课不认真听讲、不完成作业的时候就会让学生去扫地和倒垃圾。教师将劳动活动作为一种惩罚手段这种错误行为将会使得学生对劳动活动产生厌恶情绪和抵触心理,让学生形成一种劳动低贱的观念,反而失去了劳动教育原有的意义。

(三)缺乏评价制度保障

所调查学校在实施和评价劳动教育的过程中并没有相应的制度进行保障,学校在设置劳动教育课程、开设劳动教育场地、配备专职劳动教师以及其他劳动教育实施要素安排上并没有制度进行制约和保障,劳动教育的实施没有条理且不系统,没有科学的理论进行指导,在时间和空间的安排上没有统一的标准,这就使得劳动教育在学校难以开展和发展。

此外,所调查学校对劳动教育的评价也没有系统的标准,甚至没有标准,学校让不是劳动课专职教师的其他任课教师上完劳动课或组织完成劳动实践活动后并没有系统的评价体系和标准对教师进行劳动教育评价。教师在劳动教育的教学评价过程中也不会有方法和有条理地去引导和指导学生进行个人评价以及让学生与学生之间进行劳动教育学习评价,师生之间也不知如何进行评价,教师对学生的劳动教育学习评价往往比较看重的是学生的劳动实践活动成果,而忽视了学生劳动实践过程的评价。有的教师甚至在上完劳动教育课后并不进行劳动教育的评价,这些教师更加看重的是学生智育方面的评价,并不重视学生其他方面的评价。因此学校在实施和评价劳动教育上必须要有一定的制度保障和规定,只有这样才能更好地指导劳动教育的实施和评价。

(四)劳动教育认识不足

调查中有一成以上的学生认为没有必要进行劳动教育,在对教师的访谈中发现,教师在管理学生值日的过程中,会反复告诉学生应该怎么打扫卫生,怎么擦黑板和玻璃,但是等学生值日过后总是有还没打扫干净的地方,并且学生并不会注意自己周围环境的卫生。这些现象都反映了学生对劳动教育的认识存在不足。另外,有的学生会片面地把劳动当成是体力劳动而忽视了脑力劳动。有的教师或家长会将劳动作为一种惩罚的手段,如果孩子不听话就让他去做一些体力劳动,教师和家长的这一行为会让学生对劳动形成歪曲的认识,是非常不可取的。

综上所述,学生对劳动教育的认识是深受学校劳动教育情况影响的,教师和家长都要注意正确引导孩子认识劳动教育。

(五)家庭劳动教育缺乏

家庭是除学校外学生最重要的教育场所之一。在家庭教育中家长往往最看重的是学生的智育而忽略了学生其他方面特别是劳动教育的教育。家长对劳动教育的认识并不深刻,教育方法不合理,有的家长甚至都不知道什么是劳动教育。

有些家长在家庭里只重视学生的学习成绩这一方面,而舍不得让学生做一点家务劳动,认为学生只要把学习搞好,家务劳动自己做也不辛苦,家长的这一思想和行为反而会扼杀孩子的劳动热情,阻碍孩子劳动技能的发展。

总之,家长要注意在家庭中对学生进行正确的劳动教育,引导他们正确认识劳动以及劳动教育,培养他们的劳动意识和能力,促进他们的全面发展。

四、粤北小学劳动教育问题成因

(一)有关部门劳动教育保障不到位

政府及教育部门应该对该地区的各方面教育作出保障。粤北地区农村小学劳动教育以及劳动教育课程、师资、场地等都应该受到相关政府及教育部门的管理和保障。但是当地的政府及教育部门由于更加重视智育方面的教育而缺少了对当地劳动教育以及其他方面教育的重视,表现在没有为学校制定符合当地特色的劳动教育课程标准以及帮助学校开发劳动教育校本课程,没有在教育部门中设立相关的劳动教育研究机构或成立相应的研究小组,缺乏对劳动教育理论知识的研究与认识。同时,政府及教育部门没有制定相关的劳动教育实施体制机制及其评价制度和标准,学校在实施劳动教育过程中便会不断出现问题。政府及教育部门没有设立劳动教育监督与管理机构来对该地区的劳动教育进行指导与监督,并且对劳动教育所需经费的支持更是少之又少。

(二)学校对劳动教育重视程度不够

劳动教育是学校教育中不可或缺的一部分,是贯彻落实学生德智体美劳全面发展要求的重要内容,学校是学生进行系统完善、有计划和目的教育的主要场所,劳动教育课程要以劳动教育理论为指导,以劳动实践活动为手段进行实施,课程科学有效实施和开展的终极目的是促进学生的全面发展。但是所调查小学的劳动教育实施并没有达到基本的要求,劳动教育课程地位低下,一直受到学校的忽视。受应试教育的影响,很多学校更多关注的是学生智育方面的发展,而忽视了学生其他方面的教育和发展,所调查小学认为劳动教育课程需要一定的时间才能实施好,会特别占用学生的学习时间,因此,学校并没有专门去设置劳动教育课程。由此可见,学校并没有把劳动教育放在与智育同等的位置,劳动教育在学校看来可有可无。另外,学校进行劳动教育的形式主要是学生的日常值日和打扫卫生等活动,在这些活动的过程中也并没有教师的指导,劳动形式单一,学生的劳动认知和技能的培养效果较差,但是在所调查学校看来,劳动教育就是学生的日常值日和打扫卫生等活动,这些活动对于培养学生的劳动意识和能力已经足够了,学校的这一观念致使学生劳动知识和技能的学习机会大大减少,学生的劳动能力培养也就不容乐观了。

另外,学校教师对劳动教育的认识并不全面。有的教师将劳动作为惩罚学生的一种手段,这一认识和行为让学生对劳动产生一种劳动低贱的观念并对劳动产生抵触情绪。有的教师还认为学校没有必要开设劳动教育课程,觉得劳动教育就是让学生进行一些简单的值日活动,这一认识不符合劳动教育的本质要求。

学校在对劳动教育的师资配备上并没有达到要求。学校劳动教育教师主要都是其他学科的任课教师或班主任,这一做法反映了学校对劳动教育师资认识的片面。学校根本没有将劳动教育课程纳入教学体系内,对师资没有需求,也使得劳动教师的岗位空缺(徐海娇,2018)。由此可见,劳动教育必须要有专门的教师进行实施,学校对这一方面的认识还要进一步加强。

(三)学校缺劳动教育保障考评制度

相关教育部门没有根据当地实际的劳动教育实施情况制定劳动教育实施和评价的相关制度,学校在对劳动教育实施和评价上没有制度上的要求和保障,劳动教育在学校难以得到实施和发展。学校在实施劳动教育的过程中并没有相关经验和指导思想,没有统一的劳动教育评价体系,这种情况下学校不可能制定出劳动与技术教育实施和评价的制度。

劳动技术教育场地和配套设施是做好劳动教育的重要条件(斯琴高娃,2011)。学校要将主要工作重心放在课程和教师配备,以及劳动技术教育场所和设施布置上,先把劳动教育实践探索好,再根据具体情况制定学校劳动教育实施和评价的制度,同时学校还要结合本校劳动教育各方面情况和劳动教育评价要求及标准进行评价制度的建立和实行。劳动教育评价是学校劳动教育实施和发展过程中必不可少的环节,有学者表明,本应该设置于学校课程表上的劳动与技术教育课不仅没有得到评价,而且还得不到重视(高维等,2017)。学校应该在劳动与技术教育实践中总结经验和教训,建立和完善符合本校具体情况的劳动教育实施和评价制度,相关政府以及教育部门也要适时指导学校进行劳动教育方面制度的建立和完善。

(四)学生缺乏劳动知识和技能学习

通过调查结果分析可以发现,大部分学生对劳动教育有一定的理解和概念,也有基本的劳动认知,但是劳动技能水平还需要提高,与此同时,也有部分学生表明没有必要去开设劳动技术教育课程,甚至有学生还不知道劳动以及劳动教育是什么意思。在对教师的访谈过程中发现,学生在日常的值日活动中,如打扫卫生等这些活动中表现得并不好,教师虽然对怎么去值日有所指导,但是一些学生并不重视,最后卫生打扫得也不好,这就与学生对劳动的认知水平有很大关系。学生对劳动与技术教育的认知有欠缺表现在他们认为劳动活动就是体力劳动,忽视了脑力劳动,把劳动当成是一种惩罚的手段,认为劳动就是受罚人专门做的活动,这极度曲解了劳动的本质含义和要求。

家庭劳动教育中父母对孩子的正确引导也尤为重要,会在潜移默化中影响孩子对劳动教育的认知和观点。一些家长对劳动教育并不重视,舍不得让孩子干一丁点家务活动,这种行为会直接对孩子的劳动观念产生不好的影响,使他们劳动意识和观念淡薄,对劳动不尊重和重视等,产生不良后果。

综上所述,学生对劳动与技术教育方面的认知思维需要家校联合起来努力为他们作出正确的引导,家校中的劳动教育、言行举止都会影响到学生的劳动认知思维。因此,想要实施一个好的劳动教育首先要让学生拥有一个好的劳动教育认识和行为。

(五)家庭教育对劳动教育重视不够

在家庭教育中父母往往会以学生的智育发展作为主要内容,忽视了其他方面的教育。随着时代的发展,家庭生活质量的提高,学生在家中日益成为中心,有的家长为了让孩子能有更多的学习时间去学习而舍不得他们去做半点家务劳动,他们认为家务劳动只会增加学生的负担,浪费学生的学习时间,不利于学生学习,在这种情况下劳动教育逐渐受到忽视。在学校中一些学生虽然会打扫教室卫生,但是他们有的连自己的鞋带都不会系。一些学生在家庭中受到父母的过分宠爱,想要什么父母都无条件支持,这一错误行为使得他们更不明白劳动成果的来之不易,从而就更不会珍惜劳动成果。

从调查结果可以看出,只有一半多的学生会在家主动做一些家务活,但也有将近一半的学生没有或者很少做家务劳动,这一现象反映了一些家长对家庭劳动教育的认识和态度。另外,父母在孩子做劳动活动的过程中并没有一个好的教育方法,学生在劳动过程中渴望得到鼓励,但是家长们并不会去鼓励孩子,这不利于提高孩子进行劳动的积极性和主动性。与此同时,有的家长会将劳动作为一种惩罚的手段,这种行为对家庭劳动教育的实施和发展都是非常不利的,会使学生逐步对劳动活动产生反感情绪。

五、粤北小学劳动教育的改进

(一)政府引导:做好技术保障工作

1.完善劳动与技术教育课程体系

政府及教育部门要与教育和科研工作者一起探索符合当地劳动教育实际情况和条件的课程体系及制度体系,同时也要注意为劳动教育注入新时代的要求,从而更好地推动时代和经济社会的发展。

教育部门明确劳动教育的课程属性,保障劳动教育的课时数,并督促学校严格按照计划对劳动与技术教育课程进行实施,确保课时不得被其他课所占用(赖慧玲,2019)。

除此之外,教育部门在制定相关的劳动技术教育教材及教具时要注意结合学生的身心发展特点。

2.加强劳动教育监督和管理工作

政府及教育部门要适时安排一些劳动教育工作者到小学开展调查,了解学校劳动教育实施情况,积极为学校劳动教育作出科学合理的引导。教育部门还要定期安排人员到小学进行劳动教育的监督和检查工作,确保劳动教育在每一所小学中都能得到落实。

除此之外,政府及教育部门要为学校劳动教育提供必要的资金支持,为学校提供劳动教育资源方面的帮助。

(二)机制导向:健全督导激励机制

1.建立和实施劳动教育的督导机制

学校设立劳动技术教育督导机构,帮助学校进行劳动教育的监督和管理,指引学校劳动教育的发展方向。督导机构定期安排督导人员到地区学校中开展监督,并对学校劳动教育进行指导,改进教师的教育教学活动,检测和了解学生在劳动教育方面的学习状况,提出有针对性的改进对策,促进学校劳动教育更好地向前发展。

2.完善劳动与技术教育激励机制

学校要建立和完善劳动与技术教育激励机制,鼓励教师积极开发本地区的劳动教育校本课程和特色课程,充分激发相关教师的创造力和主观能动性。此外,学校还可以组织学生进行劳动认知水平和技能等劳动方面能力的比赛,在比赛的过程中促进学生的团队意识和合作能力的提高,激发学生对劳动知识及技能的热情和兴趣,在整个学校营造一种爱劳动的校园氛围。劳动教育方面的学习成果和评价可纳入学生的评优评先内容中,进而更好地激发学生对劳动知识和技能的学习积极性和兴趣。

(三)制度导向:健全评价制度体系

1.建立和完善劳动教育课程体系

学校应该积极研究开发适应本地区发展特色的劳动技术教育校本课程,要将劳动教育课程开发和劳动教育评价放到重要的地位。

在劳动教育课程建设中要注意把握劳动教育课程的实践性,注重学生的身心发展特点,课程内容设计要注意遵循理论联系实际的原则。

2.建立和实施劳动教育评价体系

学校劳动教育实施得是否有成效需要通过劳动教育评价得出。学校要建立健全劳动教育评价体系,进行劳动教育评价时要使用多种评价方式,主要从学生的学习过程和结果两个评价角度进行评价,要注重学生在进行劳动与技术知识学习过程中的表现以及学生在劳动能力等方面的潜力。对教师进行评价的目的是提高与改善教师劳动教育教学质量和水平,促进教师专业能力和水平的发展,因此要注意保护教师对劳动教育的积极性,适当对教师进行激励,让他们能够在劳动教育工作中感受到幸福。在对学生进行劳动活动评价时,要灵活运用过程性评价方式和发展性评价方式,不对学生进行片面性的评价,要更为注重学生参与和进行劳动的过程,在劳动中的态度以及学生在劳动中的能力和潜力等。教师和学生之间也应该要有评价,这样教师才能更加直观地知道自己的劳动教育教学存在的不足,进而改进自己的教学方式,同时也可以进一步改善师生之间的关系,创建一个愉快的课堂氛围。

(四)资源开发:丰富劳动教育资源

1.建设劳动教育场地和设施

学校劳动教育场地和设备条件有限,这就需要借助社会中的劳动教育场地和设备为学生提供更为直接和丰富的劳动教育资源。学校可以与社会劳动实践活动的场所基地、工厂、农场等劳动教育场所建立联系,每个月组织学生到这些地方进行一次劳动实践活动,培养他们的劳动实践能力,在社会劳动实践活动中积累经验教训,丰富自身的劳动经验与能力,形成良好的劳动生活习惯和态度,激发他们对劳动的热情和兴趣。学校的劳动技术教育资源要尽可能地得到丰富。此外,学校还要加强劳动教育师资队伍的建设,不管是从教师的数量上还是质量上都要有所提高,保证劳动教育能够顺利开展和发展。

2.开发和创造劳动教育课程

劳动教育相关教育部门以及教师要能够深入当地劳动教育的实践探索中,积极开发和创造与本地实际情况相符合的劳动教育特色课程与校本课程。劳动教育课程的开发和创造要从本校的实际情况出发并注重学生的身心发展特点,要以发展学生的劳动认知和技能为主要目标,以促进学生身心的全面和谐健康发展为根本目的和宗旨。

除了显性劳动教育课程的开发和创造外,学校还可开发和创造隐性的劳动教育课程,在学校文化规划上,学校要在楼道处挂上一些与劳动相关的名人名言,在适当的地方设立"优秀劳动楷模"展示墙或雕像,每月评选出一名"劳动之星"。通过劳动教育隐性课程的有利影响,学生会在潜移默化中提高劳动意识和劳动积极性,形成一种对劳动积极的态度和兴趣,为他们进行劳动实践活动奠定重要的思想基础。

(五)家校协作:形成劳动教育合力

1. 家长转变劳动教育认知

想要有一个优良的家庭劳动教育首先要有一个优秀的家庭劳动教育教师,也就是好的家长。家长改变"唯成绩论"的错误观点,重新认识到劳动教育对孩子全面发展的重要性。在日常的家庭活动中,要适当让孩子做一些他们能够做的既不难又不简单的家务劳动,提高他们的劳动认知和技能水平。与此同时,家长要言传身教,成为好榜样,让学生真正体悟到劳动活动是光荣的,在言传身教中让孩子体悟出劳动所蕴含的重大意义和具有的重要价值。

2. 发挥学校家庭教育合力

学校可在各个班里设立家长委员会,保证家长和学校的联系,共同为孩子的劳动教育作出努力。家庭劳动教育和学校劳动教育都是小学劳动教育的重要组成部分,两者应该相互促进,共同发展,一切都是为了孩子的全面发展。不管是在线上还是在线下,教师都应时常向家长了解孩子在家的劳动情况,并对家长进行一定的引导。与此同时家长也应向教师了解孩子在学校的劳动情况,并及时向教师提出问题,相互交流和沟通,共同得出劳动教育改进策略。

综上所述,粤北小学劳动教育实施中存在一些突出问题,需要有针对性地加以改进,进而促使基础教育高质量发展。

第十一章 粤北民族地区小学校本课程开发的问题及改进[①]

2015年8月印发的《国务院关于加快发展民族教育的决定》中明确提出,充分发挥教育在各民族文化交融创新中的基础性作用,把中华优秀传统文化融入中小学教材和课堂教学,在民族地区学校开设民族艺术和民族体育选修课程,开展民族优秀传统文化传承活动。随着探索保护和传承民族优秀传统文化工作的深入,开发民族地区校本课程研究得到了重视。学界对校本课程开发研究成果不断,具有代表性的有:吴刚平(2000)介绍了校本课程开发的思想基础,徐玉珍(2001)介绍了校本课程开发的背景、进展及现状,傅建明(2002)分析了校本课程开发的价值追求,崔允漷和夏雪梅(2004)介绍了校本课程开发在中国的情况,胡定荣和徐昌(2022)分析了北京市中小学校本课程开发的趋势。民族地区校本课程是对国家课程和地方课程的补充作用,民族地区学校开发关于民族文化的校本课程能有效促进民族优秀文化的传承(张宏蓓,2020)。民族地区小学可以将校本课程开发作为载体,由此探寻稳定、系统的民族优秀传统文化的传承模式。本章通过粤北民族地区小学校本课程开发现状、问题及改进,期为民族地区小学有效开发民族文化校本课程提供指导,进而促进粤北基础教育高质量发展。

一、研究设计

(一)概念界定

1.校本课程

校本课程最早出现于欧美国家,是指学校在国家课程和地方课程实施的作用之下,根据学校和学生的实际情况,自主开发和设计的课程(赵梦可,2019)。

2.校本课程开发

1973年,菲吕马克和麦克米伦两位学者在"校本课程开发"国际研讨会上提

[①] 汕头市澄海区银北小学林梓钰参与本章初稿撰写,特此致谢。

出了校本课程开发的概念。菲吕马克认为校本课程开发主要是指学校为提高教学质量而组织的学习活动(刘旭东,2003)。Kenny 和 Weiss(1986)经过研究认为校本课程的开发是指在教育现场发生的,期望教师们能够自主参与课程决策的一种课程开发手段。根据多位学者的观点,本研究认为,校本课程开发是指以学校为基地,该校的管理人员和相关教师选择符合学校特征和学生学习需要的教育资源进行开发和实施的一项课程活动。

(二)研究方法

其一,文献研究法。在中国知网、维普中文期刊和万方等平台以"小学校本课程""民族文化校本课程""校本课程开发"为关键词检索文献,通过阅读后筛选出 23 篇相关文献资料,在对文献资料进行整理和分析的基础上对本部分研究的框架结构进行构思,同时为调查问卷和访谈提纲的设计提供参考。

其二,个案研究法。本研究在粤北民族地区选取有代表性的个案学校,对该校瑶族文化校本课程开发实施的现状进行探讨。

其三,问卷调查法。为了获取更加完整、准确的资料,笔者在图书馆和互联网上查阅了关于校本课程开发的文献资料,设计了分别针对连南县 L 小学教师和学生的关于"粤北民族地区小学校本课程开发实施现状调查研究"的调查问卷。

教师版问卷分别从教师的基本信息(表 11-1)、教师对当地民族文化的了解程度、教师对校本课程开发实施的看法、校本课程的实施方式、存在的问题、优化策略这 6 个维度进行设计,共计 24 题。教师版问卷通过问卷星平台共发放了 48 份,收回有效问卷 48 份。

表 11-1 教师的基本信息

名称	对象	人数/人	占比/%
性别	男性	6	12.5
	女性	42	87.5
所属民族	汉族	15	31.25
	瑶族	33	68.75

考虑到小学生的身心发展水平和特点,学生版调查问卷的调查对象主要为 4~6 年级的学生。学生版问卷分别从学生的基本信息(表 11-2)、学生对本民族文化的看法、校本课程的实施方式、学生对学习民族文化校本课程的看法、学生

对开发校本课程的看法这5个维度进行设计,共计20题。学生版问卷共计发放119份,最后收回有效问卷共计119份。

表 11-2 学生的基本信息

名称	对象	人数/人	占比/%
性别	男	63	52.94
	女	56	47.06
所属民族	汉族	20	16.81
	瑶族	99	83.19
年级	四年级	45	37.82
	五年级	41	34.45
	六年级	33	27.73

其四,访谈调查法。为了获取更加完整、准确的资料,笔者对连南县L小学民族文化校本课程开发的负责人陈副校长和其他三位教师进行访谈,访谈对象具体情况见表11-3。

表 11-3 受访者信息与访谈情况

受访者编码	性别	职务	访谈方式	访谈日期	访谈时长
受访者 1	男	副校长	线上	2021/1/28 下午 2:40	约 20min
受访者 2	女	教师	线上	2021/1/29 上午 9:40	约 15min
受访者 3	女	教师	线上	2021/1/29 下午 2:00	约 15min
受访者 4	女	教师	线上	2021/1/29 下午 4:00	约 15min

二、粤北民族地区小学校本课程开发的现状

(一)学校方面

连南县L小学将"传承瑶族传统艺术,创建全国特色学校"作为办学理念,对民族文化课程资源进行积极开发,设计了具有当地瑶族特色的校本课程。该校从2008年开始开设了关于民族文化的校本课程,到现在已经具备了一定的教学经验和基础。从访谈结果中可以看出,该校瑶族文化校本课程的开发工作得到了上级领导的重视和支持。从问卷调查结果中也可以看出(图11-1),有81.25%的教师认为瑶族文化校本课程的开发有利于学校的特色化发展。2020年,该校

被评为"广东省第四批中小学艺术教育特色学校"。由此可见,民族地区校本课程的开发与实施,在推进办学目标实现的同时,也直接促进了学校的特色化发展。

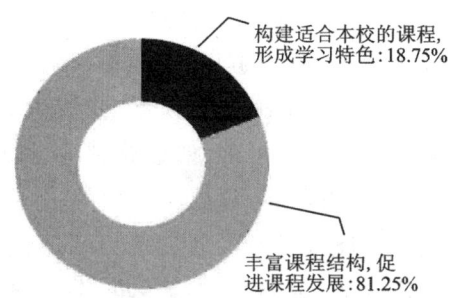

图11-1 教师认为开发瑶族文化校本课程对学校的作用

(二)教师方面

从问卷的调查结果可以看到,参与问卷调查的教师都认为有必要进行关于瑶族文化校本课程的开发。在访谈中也有教师(受访者2)提到:"受当下社会环境的影响,很多学生对瑶族文化的认识和了解越来越少,想让学生可以了解和记住这些优秀传统文化,开发相关的校本课程就非常有必要了"。但是在调查中可以看出(图11-2),58.34%的教师参与校本课程开发培训的次数只有1~2次,参加校本课程开发培训3次以上的教师人数和没有参加过的教师人数占比相同,都是20.83%。由此可见,虽然教师支持校本课程的开发,但由于各方面的原因,在实践中的积极性并不是很高。

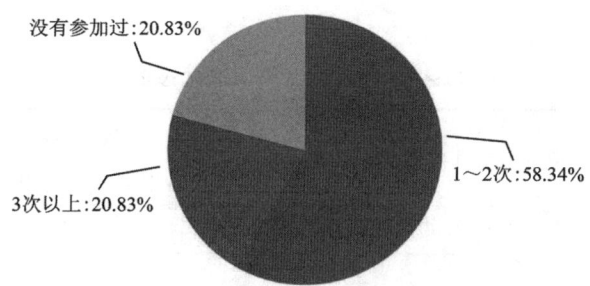

图11-2 教师参与校本课程开发培训的次数

(三)课程方面

对于目前该校校本课程的开发和实施情况,陈副校长在访谈中提到:"学校根据连南县当地的民族特色并结合学生的兴趣爱好,特别设立了排瑶刺绣教学课题研究组,发动教师们积极到基层去收集素材。通过对资料的分析、筛选和整理,现已开发出瑶族歌舞、刺绣、传统体育项目和风俗等校本教材。校本课程的上课形式是以活动课程为主的,学校每两周开设一节长鼓舞课和刺绣课,并且要求每个学生都要参与进来。到学期末时,教师会根据学生平时所学习的内容对学生进行考核。同时我们将瑶歌、瑶族习俗、绘画、民族体育项目等纳入美术课、音乐课和体育课等学科课程,有计划地组织学生进行学习。"

受访者3认为,瑶族文化非常丰富,如瑶族刺绣、排瑶民歌、瑶族长鼓、瑶族服饰文化等。但是随着社会的发展,瑶族文化中的一些优秀传统文化因受到外来文化或多或少的冲击而渐渐遗失,民族文化的弘扬和传承问题亟待解决。因此,学校十分重视学生对瑶族文化的学习与传承,为了保护和传承瑶族的优秀传统文化,学校开发并实施了瑶族文化校本课程,组织学生系统地学习和了解瑶族文化,让孩子们从小受到熏陶,通过有效的民族文化教育,增强民族认同感和自豪感,从而促进瑶族文化的传承。由此可见,把民族优秀传统文化引入学校课堂,是民族文化有效传承的一个重要方法。

（四）学生方面

对连南县L小学的学生展开调查后发现(表11-4),有78.99%的学生希望了解和学习本民族的文化,且有76.47%的学生认为学习本民族的文化对其今后的学习和生活是有作用的。可见,同学们对民族文化有较高的认同感,对民族文化知识的学习也有一定的兴趣。因此,学校应该关注学生的学习需求,根据学校的实际情况,选择合适的民族文化课程资源进行合理开发,从而促进学生的全面发展。

表11-4 学生对本民族文化的态度

选项	学生希望了解和学习本民族的文化	学生认为学习本民族的文化对其今后的学习和生活有作用
完全符合	78.99%	76.47%
符合	18.49%	21.85%
不符合	2.52%	1.68%

校本课程在开发时,学校要尊重学生的主体地位,考虑学生的兴趣爱好和身心特点,在此基础上设计适合学生的校本教材,促进学生发展。如图11-3所示,在关于"学生喜欢学习的民族文化的内容"的调查中可以看到,有84.03%的学生

喜欢学习瑶族歌舞,60.50%的学生喜欢学习瑶族刺绣,68.91%的学生喜欢民族体育。由此可见,学校应在结合学生的兴趣爱好的基础上进行校本课程的开发与实施,把瑶族传统艺术有机融入音乐课、体育课等学科教学中,并通过举办形式多样的校园文体活动培养学生的艺术特长,在促进学生全面发展的同时也促进学生的个性化发展。

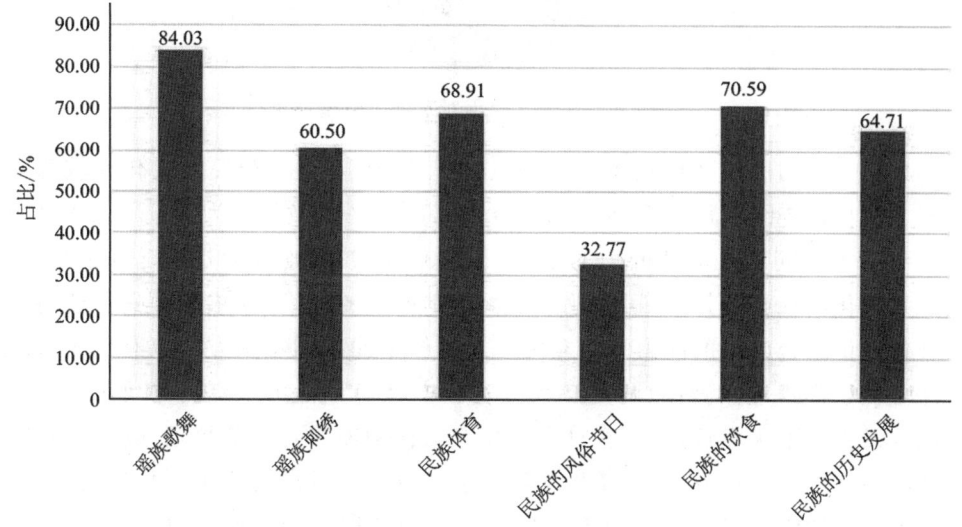

图 11-3　学生喜欢学习的民族文化的内容(多选)

三、粤北民族地区小学校本课程开发的问题

(一)教师工作负担大

教师的工作是繁忙且辛苦的,除了要完成教学任务,还需要处理班级管理工作。在原本已有的工作任务外,民族文化校本课程的开发必然会给教师带来一些压力和负担,调查数据显示(图 11-4),77.08%的教师认为民族文化校本课程的开发对自身的工作和负担有所增加,而 12.50%的教师则认为这对其自身的工作和负担增加的程度是比较大的,只有 10.42%的教师认为校本课程的开发没有增加其工作负担。如果教师的工作负担过大,这在一定程度上也会对教师参与民族文化校本课程开发的积极性造成影响。

(二)教师能力跟不上

民族文化校本课程的开发是一项系统的工程,它涉及课程目标的设定、课程内容的选择与组织、课程的实施与评价等相关内容。这需要学校的领导和教师

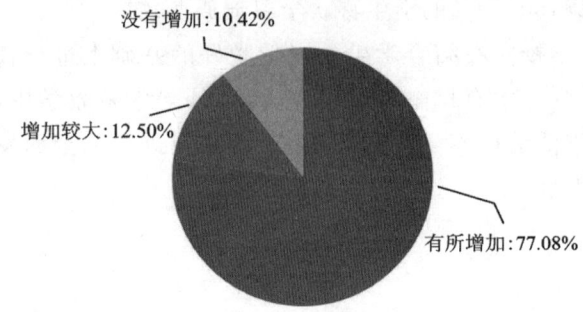

图 11-4 开发民族文化校本课程对教师工作增加负担的程度

不仅具有一定的民族文化校本课程开发的能力,还要对当地民族文化有较深的了解。但从调查结果可以看到(图 11-5),有 72.92% 的教师认为在校本课程开发中遇到最大的问题是专业能力的不足;20.83% 的教师则认为是缺乏理论指导。在多元文化的社会背景下,民族地区小学校本课程的开发,要求教师具有能将多种文化知识融合起来的能力。而且民族文化校本课程的实施方式也有别于传统的课堂教学模式,这就对教师的课程开发和实施能力提出了更高的要求。但是在调查过程中不难发现,教师在日常的教育工作中需要处理的事情很多,而且有些教师在完成教学任务、提高学生学习成绩或升学率的压力之下,很难再抽出时间学习校本课程开发的理论知识或参与相关的培训活动和课题研究等,没有足够的学习积累,教师的专业能力也会因此得不到较大的提升,从而导致校本课程开发的能力不足,效率不高。

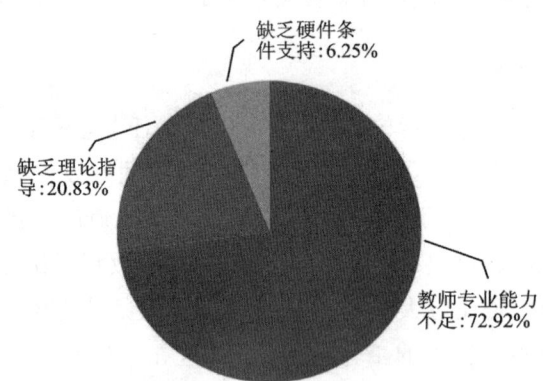

图 11-5 教师在民族文化校本课程开发过程中遇到最大的问题

此外,民族文化校本课程的开发需要教师本身具有丰富的民族文化知识。但从调查中可以发现教师对本地的民族文化的了解程度并不是很高。如图 11-6

所示,68.75%的教师认为自己对本地的瑶族文化基本了解,18.75%的教师认为自己不太了解,认为自己非常了解本地民族文化的教师只占了12.50%。从关于"教师了解民族文化的主要方式"的调查中可以看到(图11-7),有77.08%的教师了解当地民族文化的主要方式是自身经历和体验,并没有较为系统地学习和掌握本地的民族文化知识。教师自身对民族文化缺乏全面、系统的认识和理解,也会导致民族文化校本课程开发的效率和质量不高。而在课程实施过程中,学生虽然在教师指导下学会了民族传统技艺,但却难以对更深层次的民族文化内涵和精神进行了解、探索和思考。可见教师们还需要加强对本地民族文化知识的学习。

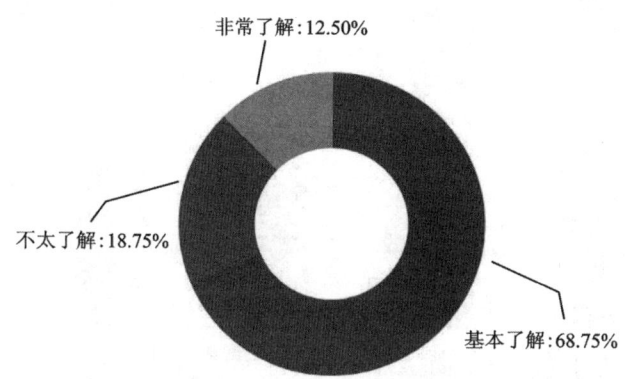

图11-6 教师对本地民族文化的了解程度

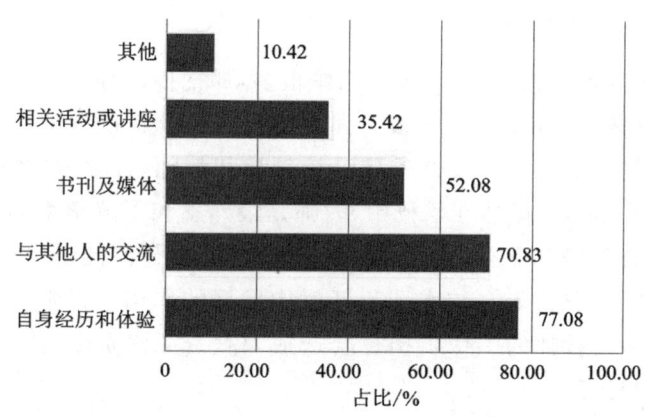

图11-7 教师了解民族文化的主要方式(多选)

(三)专业支持不到位

在筛选和设置民族文化校本课程的内容时,课程开发团队应考虑到不同年级的小学生的认知水平和动手能力等因素,严谨地编排教材。民族文化校本课程的顺利开发需要多方面的指导和支持,特别是有关课程专家或当地的民族文化传承人专业、有效的指导。从问卷调查数据中可以看到,有 85.42% 的教师认为在校本课程开发中最需要的帮助是获得专业人士的有效指导(图 11-8)。可见学校应加强课程专家、民族文化传承人等对校本课程的开发的专业支持。

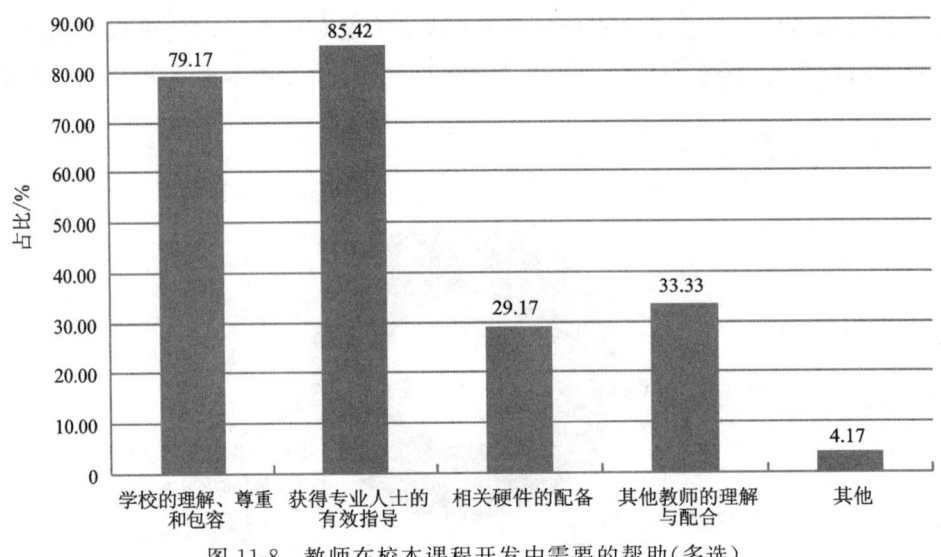

图 11-8 教师在校本课程开发中需要的帮助(多选)

(四)参与主体不广泛

民族文化校本课程的开发涉及的工作很多,如挖掘课程资源、选择和组织课程内容,编写教材等,需要多方的参与和配合。但从调查过程中可以了解到,当前该校民族文化校本课程开发的主体是校领导和教师,各学校之间关于校本课程开发的交流并不多。虽然在学校中,教师是最熟悉和了解学生的人,在开发与实施校本课程的过程中应充分发挥教师的主体性作用,但同时也应注意到地方文化传承人、学生、家长等在校本课程开发中发挥的作用。否则,这样的课程开发方式不仅会加重教师的工作负担也会造成课程资源浪费,不能更好地促进民族文化校本课程的开发。

四、粤北民族地区小学校本课程开发的改进

(一)减轻教师工作负担

民族文化校本课程的开发在一定程度上超出了教师的工作范围,为了避免校本课程的开发实施给教师造成压力和教学倦怠,学校应减轻教师的负担。受访者陈副校长在访谈中提到:"由于学校师资相对来说还是比较紧缺的,为避免校本课程开发给教师造成太大的压力和负担,学校主要是在寒暑假时组织教师进行校本课程开发和培训的。在课程开发和实施时,会根据教师需要提供相应的帮助,如完善教学设备、物质支持、聘请专家指导等,为教师提供一个良好的课程开发环境;学校也会聘请当地具有专门技能的民间艺人,如'鼓王''歌王'等进入课堂进行传统技艺的演示和教学。此外,学校也在努力创建资源共享系统并利用现有的瑶族文化视频资料进行教学。"这样不仅可以适当减轻教师的工作负担,缓解教学压力,对校本课程实施的质量也有很大的提升。

(二)提升教师课程开发能力

教师作为校本课程开发过程中最了解学生知识、兴趣和能力的主体,其能力水平是校本课程顺利开发的关键性因素。针对目前该校教师校本课程开发能力不足的情况,教师自身应该重视有关校本课程的理论知识学习。此外,学校还可以通过以下措施提高教师的专业能力。

第一,提高培训的质量。顾玉军(2006)认为,参与校本课程开发,对教师来说是一项尝试与挑战,教师应该具有一定的专业能力,学校要重视校本课程开发培训对教师能力提升的重要作用。培训的形式应灵活多样,没有固定的模式去限制。学校可以建立长效的培训机制,如通过组织教师进行理论学习、小组教研学习、专家讲学、观摩讲学等丰富多样的培训方式,为教师提供一切参与培训的机会,引导教师积极参与学习和交流,提升教师的校本课程开发能力。此外,培训的内容应该具有一定的针对性。学校应积极引导教师将在校本课程开发过程中遇到的问题通过讨论、案例分析或课题研讨等方式进行深入探讨与分析,寻找有效的解决方法。

第二,加强教师对民族文化知识的学习。教师在开发和实施民族文化校本课程时,本身就需要具备丰富的民族文化知识,否则是很难做到精通和示范的。针对该校教师们对当地民族文化了解程度并不是很高的情况,笔者建议学校组织教师对民族文化理论知识和部分难度较低的技能进行系统地学习,加深对本地民族文化的认识和了解,并在此基础上开展关于民族文化课程资源开发的培训,包括开发的理念、技能和民族文化校本课程教学技巧的培训,帮助教师在民族文化校本课程开发时更高效地筛选课程内容并确定实施、评价的方式,提高教师专业水平,从而促进民族文化校本课程的开发。

第三,学校还应该在民族文化校本课程的开发实施中筛选积极性高、能力强的教师,先将这些教师进行专业能力的培养和考核,将其培养成校本课程开发实施中的骨干教师,然后再由这些骨干教师带领其他教师继续开展教研和课程开发活动,促进教师的民族文化校本课程开发能力的发展。

(三)加大专家支持力度

民族文化校本课程的顺利开发需要多方面的支持和帮助,特别是需要课程专家的专业性指导。在校本课程开发过程中,虽然教师应具备一定的课程开发能力,但是相较于课程专家的专业能力还是有一定差距的。课程专家的指导有时也能帮助教师在校本课程开发实施中少走弯路,帮助教师解决疑惑。因此,为保证校本课程的顺利开发,课程专家的指导是少不了的。陈副校长在访谈中也提到:"民族文化校本课程的有效开发,需要课程专家进行指导。"对此笔者认为,学校应邀请课程专家或当地文化传承人与教师进行深入交流,针对教师在校本课程开发中存在的问题给予适当的帮助和建议。由此可见,学校要深入发展民族文化校本课程,聘请专家给予专业、有效的指导是十分必要的。

(四)丰富课程开发主体

教师作为民族文化校本课程开发的主力军,在校本课程开发过程中应充分发挥其主体性作用。同时,学校也要注意到,校本课程的开发活动在多方主体的参与下会有更好的效果。因此,学校可以搭建平台,鼓励民族群众积极参与到校本课程开发中来,如可以邀请连南县当地瑶族文化经验丰富的居民,有针对性地向教师和学生们讲解传统的瑶族文化知识和技艺;聘请课程专家对民族文化校本课程的开发进行理论和实践指导;了解家长和学生的想法和态度,鼓励他们积极参与到课程开发中。这样不仅可以有效地挖掘校本课程资源并形成整体效应和优势,也能在一定程度上提高校本课程开发的效率和质量。

此外,开展校际间的合作也会在一定程度上促进民族文化校本课程的开发。经过了解发现,粤北地区学校关于民族文化校本课程的开发,特别是在文化资源这方面是存在一些相似性的。因此,各校之间可以积极展开合作开发,建立共享平台,从而尽可能地提高民族文化校本课程开发的效率和质量。

总之,粤北民族地区小学进行校本课程开发具有重要意义,不仅可以传承民族优秀文化,促进学校特色化发展,还有助于教师提高专业能力、学生个性化发展。粤北民族地区小学要充分考虑学生需要,立足当地优秀文化资源,组织人员进行多层次、全方位校本课程开发,才能促进民族优秀文化有效传承,实现民族地区基础教育高质量发展。

第十二章　粤北基础教育学生课堂评价的问题及改进

2020年10月,国务院印发的《深化新时代教育评价改革总体方案》提出:"完善过程性考核与结果性考核有机结合的学业考评制度,加强课堂参与和课堂纪律考查,引导学生树立良好学风。"学生课堂评价属于学生学业考评制度中的过程性考核,是指根据一定的标准和方法,对学生在课堂上的表现作出评定。学生课堂评价是教育评价中历史最为悠久的评价活动之一,自有课堂教学活动就随之产生了学生课堂评价。学生课堂评价是学生学业评价的重要组成部分,也是学生学业评价的关键环节,更是教师在课堂教学中经常进行的一项评价活动。学生课堂评价具有导向作用,有怎样的学生课堂评价,学生就会有怎样的课堂表现。可以说,学生课堂评价事关教师课堂教学质量,事关学生发展,事关教育质量。尽管学生课堂评价在教育评价实践中极为重要,但是却被学术界有意无意忽略,成为"集体无意识"领域。本章在分析粤北基础教育学生课堂评价弊病基础上,提出了基础教育学生课堂评价改进的设想,期有助于粤北基础教育高质量发展。

一、粤北基础教育学生课堂评价的问题

学生课堂评价是学生学业成绩评价重要组成部分。学生学业成绩评价从根本上说有两个目的:对外能够满足公众问责的要求;对内能够满足学生学习改善的要求。尽管教师经常会在课堂教学中对学生课堂表现做出评价,但是粤北基础教育学生课堂评价通常存在如下突出问题。

其一,去参与。萨德勒的研究表明,学生在课堂上的高参与度是高效教育的核心。斯金纳强调,学生高度参与学习与其热情、兴趣、享受、满足、骄傲、活力和兴奋等情绪相联系。但是,粤北基础教育学生课堂评价强调课堂教学活动是"授—受"活动,学生被视为课堂教学活动的"受者",主要活动是认真听讲,认真做笔记,不鼓励学生过多参与课堂教学。

其二,轻产出。粤北基础教育学生课堂评价不重视评价学生的学习产出,倾

向于评价学生的学习活动过程和状态。学生在课堂上坐姿端正,听得认真,写得勤快,完成作业及时,配合教师的教学活动积极,通常会被教师评定为好或很好;学生听讲不认真,说话,分心走神,做小动作,不记笔记,不积极配合教师的教学活动,则会被评定为表现不好或差等。

其三,高缄默。由于粤北基础教育课堂教学教师普遍采用讲授教学方法,课堂教学过程中,教师借助多媒体课件将教学内容呈现出来,通过讲解课件中的内容即可完成教学目标。受此影响,传统的学生课堂评价并不重视学生发言,不鼓励学生开口说话,不鼓励学生表达自己的思考和看法,不鼓励学生分享自己的学习心得与体会。

其四,模糊化。粤北基础教育学生课堂评价倾向于定性评价。评价没有明确的标准,学生得分高低取决于教师的主观判断,甚至是教师的喜好或偏好;评价没有明确的操作规程,教师何时对学生课堂表现进行评价,要评价学生哪方面的表现,要怎么评价这些表现,没有公开的具体的操作规程,评价过程和评价结果充满主观性和随意性。

粤北基础教育学生课堂评价存在的突出弊病,吁求要对学生课堂评价进行改进。只有改进学生课堂评价,探索新的学生课堂评价方式,才能打破学生课堂评价造成的路径依赖,进而改变课堂教学生态,提高课堂教学质量。

二、粤北基础教育学生课堂评价的改进

(一)学生课堂评价改进的理念

学生课堂评价旨在促进学生学习。促进学生学习的评价一般需要解决3个问题,即在哪里、去哪里、如何到达那里,其中去哪里是良好评价必须回答的首要问题(哈经雄,滕星,2001)。斯蒂金斯认为,任何评价的质量都首先依赖于我们对将要评价的目标的定义是否明确和恰当。针对粤北基础教育学生课堂评价的问题,需要确立"四个导向"的改进理念。

其一,参与导向。哈蒂(2015)提出,如果教育的目的是促进学生自我调节并掌控自己的学习,那么达到此目的的方法就是使用同伴指导。学生课堂评价改革就是要改掉原来去参与的评价导向,鼓励学生积极充当"同伴指导者"角色,以自己探索而得的新知识、新技能、新材料、新方法、新视角,自己思考获得的新观点、新构想和新感悟,影响身边同学,影响所有"在场"学生,借此参与课堂教学,为师生发展做出贡献。

其二,产出导向。杜威(2005)认为学习通过个体与环境互动产生,这种互动

是给予和取得的过程,教学犹如买卖。课堂教学作为人造特定教育环境,需要学生有取得,同时也要给予,且取得和给予都要呈现为客观的学习产出,如产生思想、形成观点、做出方案、提出构想、给出建议、提出解决问题思路、发现新材料、找到新视角等。学生课堂评价改革要改掉轻产出的做法,引导学生以产出为导向进行课堂活动。

其三,言说导向。维果茨基认为,学习是一个文化参与的过程,学习者借助一定文化支持和参与学习共同体的实践活动来内化有关知识,从而掌握有关的工具(陈琦,刘儒德,2007)。课堂是师生在文化参与过程中形成的学习共同体。学生借助言说参与文化过程和学习共同体实践活动。言说是课堂教学中学生内化知识、表达想法与看法的语言活动,也是学生参与课堂学习共同体活动、影响与指导他人的实践活动。学生课堂评价改革就是要改掉原来高缄默的评价导向,坚持言说导向,引导学生主动发言、积极分享。

其四,量化导向。桑代克指出,凡是存在的东西都有数量;凡有数量的东西都可以测量(瞿葆奎,1989)。为了客观精确地做出学生课堂评价,需要在学生课堂评价中引进量化的方法。量化评价和定性评价是两类不同的评价范式,也是不同的评价方法。量化评价倾向于用数量形式表现评价结果。学生课堂评价需要对评价标准进行量化处理,同时需要对评价规程进行操作化处理,以数量化和标准化保证学生课堂评价的精确性。

(二)学生课堂评价改进的策略

1. 改革学生课程评价体系,提升学生课堂评价地位

学生课堂评价作为一种评价,具有导向功能,也具有激励功能。为了有效落实学生课堂评价"四个导向"理念,应引导和激励学生参与课堂教学,乐于言说,形成产出,帮助学生在专业课程学习过程中获得切实成长。为此,可以将原先只有终结性评价或以终结性评价为主的课程评价体系改革为终结性评价与过程性评价相结合的课程评价体系。其中,终结性评价成绩,即期末考试成绩,占总成绩的50%;过程性评价成绩占总成绩的50%,由课堂表现成绩、项目任务成绩(学生自选题目写论文)、线上课程研修成绩构成,其中课堂表现成绩占30%。学生课程评价体系图示见图12-1。由于课堂表现成绩在课程评价中占比较高,因而大大提升了学生课堂评价的地位。提升学生课堂评价的地位,是学生课堂评价改革的基础,也是学生课堂评价发挥巨大作用的前提;如果学生课堂表现成绩在课程评价中占比不高,学生课堂评价地位不被重视,那么学生课堂评价改革将毫无意义。

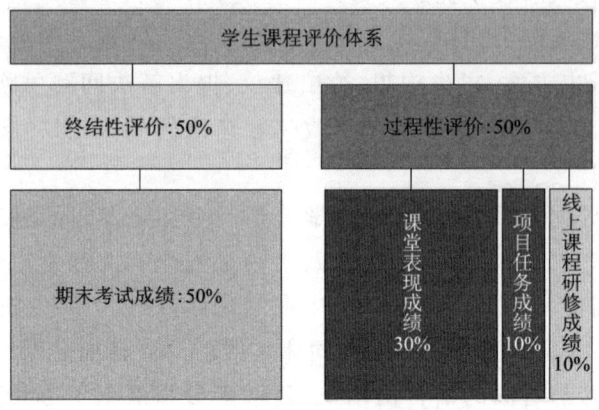

图 12-1 学生课程评价体系图示

2.改革学生课堂评价方法,构建学生课堂评价体系

学生课堂评价改革最终需要落实到改革评价方法上。有效的评价方法宜采取基准分+加分项,即学生课堂表现成绩=基准分+加分项。笔者设定的基准分是 60 分。换言之,学生只要来上课并完成常规的课堂教学活动,就可以获得 60 分。这一方面可以避免学生分数差距太大,另一方面可以防止学生因此挂科,形成不良影响。加分项的分数由两部分构成。一部分加分来源于学生的言语活动,即学生参与课堂教学活动进行发言、分享等而获得的分数。言语活动表现得分按照学生在课堂教学中的发言次数进行累计计算,学生每次发言加 5 分,上不封顶。例如,学生小明在课堂教学中发言积极,他一学期积累发言 10 次,则他可以获得 60+50=110 分的课堂表现成绩。另一部分加分来源于学生参与片段教学活动。片段教学活动通常安排在学期最后 2 周,由学生自愿报名,自选教材内容或中小学有关学科教学内容,设计制作课件,按报名次序登台进行片段性教学,师生进行点评。学生参与片段教学活动 1 次可以加 20 分。学生课堂评价体系图示见图 12-2。

3.改革学生课堂评价操作,建立学生课堂评价规程

通常学生是学生课堂评价评价的对象,教师是评价者,评价由教师作出,学生表现好歹均由教师根据自身主观设定的标准评定。事实上,要激励学生参与课堂教学,就要让学生自己进行课堂评价,由学生自己根据评价标准给自己作出评价。学生进行言语活动每次加 5 分,参与片段教学每次加 20 分,评价标准是具体而明确的,因此学生完全可以自己操作。加之,学生课堂评价受到课堂时

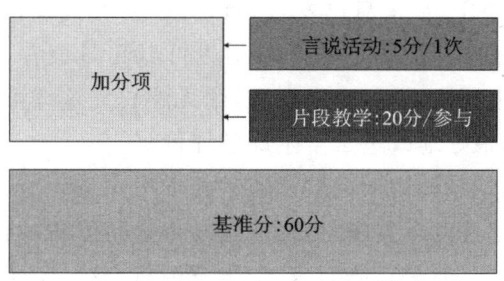

图 12-2　学生课堂评价体系图示

间、空间的制约,要产生激励评价应及时,要让学生看到即时成效,也适合由学生自己操作。由学生自己在平时成绩记录册上填写加分项,如加 5 分,确实能激励他(或她)下次继续参与课堂教学,积极发表看法和分享心得。通常学生在进行言说和片段教学活动时,教师可以站在教室后面认真倾听。学生发言完毕,教师可以对学生言说活动和片段教学活动进行点评。点评主要围绕学生发言中的新材料(言之有料)、新视角、新颖点(言之有新)等展开。教学活动点评则会对其从教学设计、教学内容、教学过程等多方面进行评说。但是任何点评均不作为评价标准。学生课堂教学评价操作图示见图 12-3。

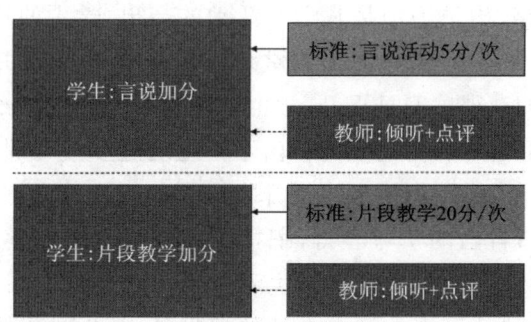

图 12-3　学生课堂教学评价操作图示

三、粤北基础教育学生课堂评价改进展望

粤北基础教育学生课堂评价的改进,不仅能改变学生课堂评价,还能重塑课堂教学生态。

其一,评价由高模糊转为低模糊。学生课堂评价改革让学生课堂评价由捉摸不定,充满随意性转化成为客观量化、具体可操作;学生课堂评价的标准由教师的主观判断、定性判定,转化成为简明客观的次数计算,学生发言一次加 5 分,参与片段教学一次加 20 分,清楚明白;学生课堂评价的操作由教师的隐秘操作转化为学生的公开操作,学生自己发言、自己教学,发言完、教学毕自己计分,毫无悬念;学生课堂评价的成绩公开透明,学生可以随时查看,并根据成绩对自己在课堂上的行为作出调适,学生心中有数,毫无顾忌。这些都让学生课堂评价由高模糊转为低模糊,很好地改进了学生课堂评价。

其二,课堂由高缄默转为低缄默。通常的学生课堂评价不鼓励学生表达,加上教师普遍采用讲授式教学方法,也很少给学生进行言说的机会,偶尔有问答互动,偶尔有让学生发言,但是总体而言,学生言说机会少,学生发言和分享频次均不高。学生课堂评价改革让学生乐于开口、乐于表达、乐于言说,学生会主动登上讲台发表自己的看法,会排队等待时机分享自己的学习心得,会积极推介自己的思考角度,积极介绍自己查阅的资料,并将之看成是指导同伴学习、为学习共同体做贡献的主要方式。因此,课堂教学生态由高缄默转为低缄默。课堂因为学生积极不断言说而充满生机和活力。

其三,课堂由产出少转为产出多。通常学生课堂评价倾向于评价学生的学习活动过程和状态,并不重视评价学生的学习产出。在课堂教学中学生其实既有取得也有给予,学生是可以在取得之后有所产出的,而且这些产出也应该给予学习共同体。学生课堂评价改革让课堂更加重视产出。学生发言和分享中的思考、看法、观点、思路、构想等均是其学习活动的产出;学生的片段教学也是其学习探索和精心设计后的产出。学生课堂评价改进也让课堂由产出少转为产出多,学生在课堂上的获得感明显提升,学生对课堂的体验良好度明显增强。

其四,课堂由低参与转为高参与。由于学生通过多参与课堂教学活动,如言说活动或片段教学活动,可以明显地提升本课程的总成绩,因此学生会积极参与课堂交流,积极分享自己的学习心得,积极报名进行片段教学,主动参与课堂教学活动。学生课堂评价改革激发了学生课堂参与的热情。在笔者的课堂上,学生参与课堂教学的热情高涨。经常看到的情形是,学生排成队等候发言。也可以看到,学生为了发言,在课前就已经在酝酿和准备。当然,更可以看到每门课差不多均有20多位同学会主动报名进行片段教学。可以说,学生课堂评价改进撬动了课堂教学生态。学生课堂评价改革效果图示见图12-4。

当然,粤北基础教育学生课堂评价改进仍处于探索路上,其效果还有待进一步检验。但是,粤北基础教育学生课堂评价改进已经打开了一扇通往高质量发展的窗户。

第十二章 粤北基础教育学生课堂评价的问题及改进

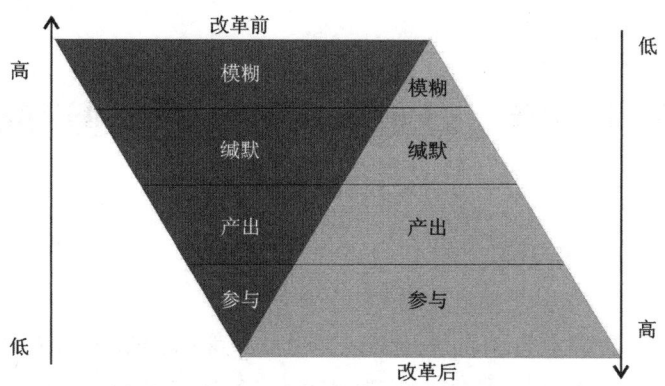

图 12-4 学生课堂评价改革效果图示

第十三章 粤北基础教育品牌建设的问题及其改进

随着教育品牌商业价值的不断走高,教育品牌的价值为越来越多的人所看见。但是目前学界教育品牌研究,从类型看,多关注高等教育、职业教育、成人教育、社区教育等,对基础教育关注不多,对区域基础教育关注更少。不谋一域不足谋全局;不打地基无法建高楼。在中国特色社会主义新时代,基础教育发展水平已达到或超过中高收入国家平均水平,进入了内涵发展的新阶段,基础教育品牌具有更为突出的价值和意涵。本章通过对基础教育品牌的内涵识读、价值阐释,对其现状、问题和对策进行探讨,期有助于粤北基础教育高质量发展。

一、基础教育品牌的内涵识读

"品牌"一词来源于古挪威语"brandr",本义为"打上烙印",是指当时西方游牧部为区分哪些马匹属于自己,在马背上打上不同烙印。通常所说的品牌,亦称为牌子。品牌是一个名称、名词、标记、符号或图案设计,或是它们的组合。它的目的是识别某一或某类事物,并使之同其他事物区别开来(林慧,2004)。经济学、营销学、管理学等学科较早开始研究品牌,20世纪50年代以来品牌为越来越多的学者关注,逐渐形成了独特销售主张、品牌形象、品牌定位、品牌资产、品牌战略、品牌关系、品牌心理、品牌互动、品牌依恋等理论(李静等,2012)。

品牌本质上是围绕产品设计的一套特有的标识系统。品牌会产生品牌效应,即消费者在消费过程中不仅可以很快辨识出产品品牌,还会产生持续选择该牌子产品进行消费的行为。品牌效应不仅会给产品带来广泛认同度、竞争优势和高附加值,还使其拥有一定的知名度、美誉度、吸引力和竞争力。故此,品牌已超越单纯的牌子,升华为产品竞争优势的代名词,转化为产品质量的贴身符,成为产品之外的无形资产。同时,也成为一种可策划、可建设的重要资源。品牌策划和建设的过程,也就是品牌化的过程。

基础教育品牌是一国或一地基础教育在教育实践过程中逐步确立的具有独特标识、广泛认同度和竞争优势的教育资源,是基础教育品牌化的结果。基础教育一旦成为品牌,会具有类似产品品牌的标识功能和品牌效应。在形式上,通常表现为术语、符号、图像等,拥有一套形象系统来标识其独特性和差异性;本质上,是一套基础教育在理念、行为、形象、品质上具有明显竞争优势,拥有一定的知名度、美誉度、吸引力和竞争力。

基础教育品牌属于教育品牌。作为教育品牌,尽管基础教育品牌与产品品牌一样,具有类似的标识功能和品牌效应,但是两者仍存在明显差异。体现为:教育品牌具有教育性和公益性,产品品牌具有商业性和利益性;教育品牌更多强调教育价值,产品品牌更强调商业价值;教育品牌指向教育主体,学生和家长是服务的主要对象,而产品品牌指向消费主体,市场中的消费者是其服务对象;教育品牌诞生于教育过程,产品品牌诞生于产品消费过程。

二、基础教育品牌的价值阐释

(一)基础教育高质量发展的客观需要

高质量发展已成为新时代基础教育的中心工作。近年来,国家出台了一系列政策文件,如《关于学前教育深化改革规范发展的若干意见》《关于深化教育教学改革全面提高义务教育质量的意见》《关于新时代推进普通高中育人方式改革的指导意见》等,这些文件都指向基础教育高质量发展。粤北基础教育高质量发展,不仅是国家基础教育高质量发展的重要组织构成,还是满足人民群众对优质教育需求的必然要求。基础教育品牌是基础教育高质量发展的根本标志。基础教育品牌是推动基础教育升级发展的助力器,不仅可以提升基础教育形象和美誉度,还可以彰显基础教育的办学优势和办学质量。因此,基础教育高质量发展吁求建立基础教育品牌。换言之,基础教育品牌是基础教育高质量发展的客观需要。

(二)建设高质量教育体系的重要抓手

2020年10月,党的十九届五中全会审议通过《中共中央关于制定国民经济和社会发展第十四个五年规划和二〇三五年远景目标的建议》,明确建设高质量教育体系的任务要求。建设高质量教育体系,基础教育体系是塔基和主干,没有高质量基础教育体系作为支撑,高质量教育体系就失去了基本依托。建设高质量基础教育体系目的的达成,有赖于高质量教育体系建设。基础教育品牌作为一笔无形资产,是高质量教育体系建设的重要抓手。基础教育品牌不仅能够给基础教育带来广泛认同度和高附加值,使基础教育拥有一定的知名度、美誉度、吸引力,还能够通过品牌标识功能和品牌效应,帮助打造基础教育高地,实现基础教育优质、均衡发展,进而助推一国或一地高质量教育体系建设。粤北教育行政部门倾力抓紧抓好基础教育品牌,借由基础教育品牌,为人民群众提供更加优质、更加均衡的基础教育,为党和国家新时代人才强国建设战略的实现,建设高质量教育体系任务的达成,做出地方应有的贡献。

(三)增强基础教育竞争力的内在要求

随着社会民众对优质教育的期盼越来越强烈,择"教"而栖成为不少社会民众的新选择,也成为近年城镇化快速发展过程中出现的新情况。一旦一地基础教育在质量和口碑方面满足不了当地社会民众对优质教育的需求,他们会通过购买商品房等举措,选择离开户籍地,将子女带到基础教育质量更具竞争优势的地方定居,达到追求优质基础教育的目的。由于这些社会民众通常具有较高文化资本或经济资本,其子女的随迁不仅会让当地学生数量萎缩,而且会造成当地优秀生源流失,在地方基础教育竞争中,丧失竞争优势,必造成巨大的损失。面对日趋激烈的竞争态势,基础教育如何提升竞争力,已经成为地方党委政府和教育主管部门不得不面对的一个难题。品牌代表着竞争优势,基础教育品牌是基础教育竞争的优势所在。基础教育品牌可以通过品牌效应塑造地方基础教育自身形象,可以通过品牌行动提升地方基础教育竞争力。因此,基础教育品牌是提升基础教育竞争力的内在要求。

三、创建品牌促进粤北基础教育高质量发展

如何引领粤北基础教育高质量发展?粤北基础教育高质量发展的切入点为何?这已是当下粤北基础教育发展必须面对的难题。创建粤北基础教育品牌(简称"创建品牌"),无疑有助于破解粤北基础教育发展难题,促进粤北基础教育高质量发展。因此,党委政府和教育主管部门在创建品牌上要发挥"价值导向、组织领导、条件保障"作用。

(一)基础教育品牌创立

基础教育品牌创立,即开始推进基础教育品牌的创建,属于基础教育品牌创建的初创阶段,包含探索确定基础教育品牌目标,形成独特教育标识,构建具有一定辨识度的教育理念、教育行为等。基础教育品牌创立的进路有二:一是内生成长型;二是外嵌改造型,分述如下。

其一,内生成长型粤北基础教育品牌的创立。内生成长型粤北基础教育品牌创立,关键是构造原生教育品牌坯璞。本级党委政府或教育主管部门要系统搜集粤北基础教育学校不同层面、不同面向、不同样态的教育品牌素材,充分考

察粤北基础教育各方面资源禀赋、历史传统、比较优势、独特个性、鲜明特色与显著效果;要立足全域,从术语、符号、图像等方面对教育品牌标识进行有效设计,从理念、行为、形象、品质等方面深挖教育品牌内涵,淬炼独特的教育标识、教育理念等,构造出原生教育品牌坯璞;要探寻提高粤北基础教育品牌美誉度、吸引力和竞争力的现实进路,推动原生教育品牌坯璞在粤北扎根生长。

其二,外嵌改造型粤北基础教育品牌的创立。外嵌改造型粤北基础教育品牌的创立,关键是探寻理想教育品牌原型。国外以及国内一些基础教育发达的地区,已经在基础教育领域创立了部分极具价值的教育品牌。本级政府或教育主管部门要多关注国际国内的教育品牌,积极考察学习、比较研究这些教育品牌,积极探寻理想的教育品牌原型;要在科学评估教育品牌原型价值性和适用性的基础上,结合粤北教育资源禀赋、历史传统和现实条件等加以创造性改造,将理想教育品牌原型选择性嵌入粤北基础教育。外嵌改造型粤北基础教育品牌创立,外嵌是途径,改造是根本,最忌囫囵吞枣式移植,有效、适切地改造,是外嵌改造型粤北基础教育品牌创立成功的保证。

(二)基础教育品牌建设

基础教育品牌建设即在实践中不断推进和完善基础教育品牌创建,实现基础教育品牌创建目的。基础教育品牌建设不仅要有效增强基础教育品牌的辨识度,还要致力于提振基础教育品牌的品质,增强其吸引力、美誉度、竞争力。基础教育品牌建设,要依托实践,对品牌形象进行反复锤炼,对品牌理念和品牌行为进行反复锻造,使教育品牌的诸多构成要素结构化和一体化;要推动教育品牌纵深发展,将基础教育品牌的核心价值、理念,落实到教育、教学、课程、师生交往等,使之呼应品牌,同时产生理想效果;要加大教育品牌传播力度,通过探寻合适的传播渠道、传播方式,强化基础教育品牌认同,强化基础教育品牌效应;要构建一支教育品牌建设专门队伍,借由专业的教育品牌建设工作,持续提升基础教育品牌的辨识度、美誉度、吸引力和竞争力,以创建品牌,破解粤北基础教育高质量发展难题,实现粤北基础教育高质量发展。

四、粤北基础教育品牌的进路选择

基础教育品牌是一种可策划、可建设的重要资源。党委政府与教育主管部门要勇担主体责任和直接责任,遵循基础教育品牌有效进路,实现基础教育品牌化发展。

(一)抱定基础教育品牌理念

理念是基础教育品牌的先导。没有理念,就没有行为和实践。根据笔者的调研,目前很多幼儿园园长、小学校长和中学校长已经具有教育品牌意识,也能够比较有意识地策划和建设学校教育品牌或学校某方面的品牌。但是由于不在其位不谋其政,他们尚无法立足全局考虑教育品牌问题。本级党委政府、教育主管部门作为幼儿园、中小学校的主管部门或机构,本应分别承担基础教育品牌发展主体责任和直接责任,但是囿于眼界视野和业务能力,本级党委政府、教育主管部门普遍缺乏基础教育品牌意识。基础教育品牌是基础教育高质量发展的客观需求,是建设高质量教育体系的重要抓手,是增强基础教育竞争力的内在要求,本级党委政府和教育主管部门要牢固树立基础教育品牌意识,将基础教育品牌作为基础教育高质量发展的努力方向,视为高质量教育体系建设和提升基础教育竞争力的核心抓手,抱定基础教育品牌理念,透过基础教育品牌,探索一条适合粤北基础教育高质量发展的新路子。

(二)高位策划基础教育品牌

策划是建设基础教育品牌的基础,建设基础教育品牌需要高位策划。所谓高位策划,即立足基础教育高质量发展要求,基于一定的理论工具,遵循一定的原则和方法,谋划并制定高水准基础教育品牌方案的过程。基础教育品牌策划具有专业性和技术性要求,需要策划者具有先进教育理念,只有遵循教育规律的教育品牌,才是符合"教育本性"的品牌(章祥翔,章艳,2013);需要策划者熟悉基础教育和策划理论工具,拥有比较专业的品牌形象设计与行为规划等能力。党委政府和教育主管部门可以委托专门团队或专业机构,在充分调查基础上进行基础教育品牌策划,通过专家评审、回炉策划、策划试行、二次回炉等过程,产生高水准基础教育品牌方案;也可自建基础教育品牌策划团队,通过组织有关人员参与相关培训,学习策划理论、策划方法,在不同节点引入教育品牌策划专家、基础教育研究专家、一线名校长等专业智慧,开展基础教育品牌策划活动,确保制定的基础教育品牌方案,既科学专业,又符合基础教育实际。

(三)着力建设基础教育品牌

建设是基础教育品牌的核心。建设本质上是行动或实践的过程,是基础教育品牌从策划方案转化为实践成果的过程,是基础教育走向品牌化,实现和建成基础教育品牌的过程。基础教育品牌建设绝非一局、几人、几校之责,本级党委政府要承担主体责任,本级教育主管部门要承担直接责任,基础教育学校校长及其师生均是重要主体。基础教育品牌建设的过程,是本级基础教育独特的教育标识逐渐清晰化,教育理念、教育目标、教育发展路径逐渐明朗化,教育效果和教育品质逐渐卓越化的过程。建设基础教育品牌,一要建设基础教育品牌建设实验学校。本级党委政府或教育主管部门可以依据基础教育品牌策划方案,通过发布基础教育品牌建设实验学校遴选文件,遴选若干具有教育品牌建设基础、可以在基础教育品牌建设中发挥示范作用的学校,作为基础教育品牌建设实验学校,指导这些学校经过一段时间的建设工作,打造若干基础教育品牌建设样板学校。二要复制基础教育品牌建设实验学校经验。本级党委政府或教育主管部门要指导和帮助基础教育品牌建设实验学校总结提炼建设经验,将其上升为可以复制的操作模式或式样,在基础教育范围内进行广泛推广,从而推动粤北基础教育品牌从策划转化为实践成果。长期为贫困县的河南省郸城县仍能创造"郸城教育品牌"(李清臣,刘现营,2016),足以说明建设基础教育品牌,粤北基础教育可以大有作为。

(四)有效维护基础教育品牌

维护是基础教育品牌持续发展的必要之举。基础教育品牌一旦建成,就会产生品牌效应,不仅会给基础教育带来广泛的认同度、竞争优势和高附加值,还会使基础教育拥有一定的知名度、美誉度、吸引力和竞争力,成为一笔弥足珍贵的无形资产。但是基础教育品牌同产品品牌一样,缺乏维护就会面临钝化等问题。因此,对基础教育品牌这笔无形资产进行有效维护是十分必要的。基础教育品牌维护,不仅可以提振基础教育品牌的质量,巩固基础教育品牌的地位,还可以防止基础教育品牌的知名度、美誉度下降,避免基础教育品牌因钝化而丧失品牌吸引力和竞争力。基础教育品牌维护要不断强化基础教育品牌的价值、行为和形象,对基础教育品牌价值理念进行再提炼,对基础教育品牌形象进行再优化设计,对基础教育品牌行为实践进行再思考和重塑,不断提升基础教育品牌的形象质量和建设质量。可以对基础教育品牌进行理性延伸和扩张,如将基础教育品牌的核心价值、关键行为和主要形象进行纵向或横向拓展,延伸到基础教育某一具体领域,如德育工作或教学工作等;也可以对基础教育品牌进行高组织性传播,通过正规和非正规传播渠道和方式,强化基础教育品牌的推广力度。要打造一支专兼结合的基础教育品牌维护队伍,借由比较专业的基础教育品牌维护工作,保障基础教育品牌从小到大、从弱变强,实现基础教育品牌化发展、优质发展。

总之,在新时代,基础教育品牌更具突出价值和意涵。本级党委政府和教育主管部门要透过抱定基础教育品牌理念,高位策划基础教育品牌,着力建设基础教育品牌,有效维护基础教育品牌,依托基础教育品牌实现粤北基础教育高质量发展、高质量教育体系建设,不断增强粤北基础教育竞争力。

五、粤北特色品牌学校建设的问题

特色品牌学校建设对粤北基础教育品牌化发展,义务教育优质均衡发展,办好人民满意的教育意义重大。遗憾的是,由于各种原因,粤北特色品牌学校建设存在明显问题,还无法成为粤北基础教育高质量发展的有效抓手。

(一)特色品牌策划能力不足

特色品牌学校建设策划属于专业活动,具有较强的专业性、技术性和规范性,这无疑对本级政府、本级教育主管部门、中小学学校领导等的特色品牌策划能力提出了要求。特色品牌策划能力是特色品牌学校建设中对特色品牌的理念、行为和形象等进行思考、设计、制作的综合性能力。尽管特色品牌学校建设已经成为本级政府、教育主管部门、学校领导和师生的共识,但是因为他们本身未经特色品牌策划的专门学习训练和实践历练,特色品牌策划能力偏弱是不争的事实。特色品牌策划能力不足,成为粤北特色品牌学校建设的问题之一。

(二)诊断性行动研究缺失

美国社会心理学家库尔特·勒温(Kurt Lewin)的研究表明,行动研究可分为诊断性行动研究、参与性行动研究与实验性行动研究3种。前者侧重于诊断和改进行动本身;后两者侧重于解决实际问题。特色品牌学校建设是一项行动,适合于行动研究。诊断性行动研究旨在对行动本身进行诊断和改进,因此诊断性行动研究对特色品牌学校建设尤为适切。特色品牌学校建设诊断性行动研究,指在特色品牌学校建设实践情境中,由实际工作者与研究者等共同参与,对正在进行的特色品牌学校建设行动开展有计划、有反思的探究活动。特色品牌学校建设诊断性行动研究,能够为粤北特色品牌学校建设行动作出诊断,并基于诊断制定出行动改进方案,对保障和提升粤北特色品牌学校建设质量至关重要。遗憾的是,粤北教育主管部门对诊断性行动研究理论认识不足,实践运用与探索也缺失。诊断性行动研究缺失,亦成粤北特色品牌学校建设的另一问题。

(三)特色品牌建设难以持续

特色品牌学校建设不是"速溶咖啡",不可能不花时间、简单泡制就能享用。特色品牌学校建设是一箩陈皮,需要经过时光的锻造才能沁人心脾;特色品牌学校建设是一壶老酒,需要经过时间的酿制才能醇厚甘甜。特色品牌学校建设没有足够的时间作为基础,难以沉淀为学校精神和文化,难以转化为育人质量和社会影响力,难以升华为师生价值认同和行为实践。一些地方功利心作祟,急于大张旗鼓宣传报道,疏于持续推进和建设保障,懒于做特色品牌"内化""外显"功夫,特色品牌学校建设虎头蛇尾;一些教育主管部门教育政策的关注重点发生改变,特色品牌学校建设就戛然而止;一些教育部门主管领导、学校校长"关键人"改变,特色品牌学校建设就无疾而终;一些地方简单奉行各类"进校园",不断加码抢占学校时间、空间和资源,特色品牌学校建设不伦不类;等等。凡此种种,致使粤北特色品牌学校建设持续艰难,成为粤北特色品牌学校建设难以解开的"魔咒"。

六、粤北特色品牌学校建设的改进

在新发展阶段,本级政府要切实承担起粤北特色品牌学校建设的主体责任,本级教育主管部门要承担起粤北特色品牌学校建设的直接责任,多措并举破解粤北特色品牌学校建设问题,以粤北特色品牌学校建设,实现粤北基础教育高质量发展。

(一)推进特色品牌学校建设策划能力提升

推进特色品牌学校建设策划能力提升可以从下面几方面入手。其一,开展案例分析研究。钻研境内外特色品牌学校建设策划案例是提升特色品牌策划能力的有效方法。本级政府和教育主管部门可以通过组织特色品牌学校建设策划案例搜查、遴选、研究和研讨,通过分析不同特色品牌学校建设策划案例的特点、优点、缺点、借鉴点、改进点,组织特色品牌学校建设策划案例汇编、召开专题研讨会等,推进粤北特色品牌学校建设策划能力提升。其二,组织策划相关培训。特色品牌学校建设策划具有相应的专业"工具箱",如 PEST 分析模型[①]、SWOT 分析模型[②]、CIS 设计[③]等。本级政府和教育主管部门可以组织有关人员参与相关培训,引导其学习策划理论、策划方法,同时培养创意思维与创新策划能力,不断提升特色品牌学校建设的策划能力。其三,引入专家智慧支持。特色品牌学校建设策划属于专业活动,学界与业界专家智慧的支持是品牌学校建设策划质量的保证。特色品牌学校建设策划中可以在不同节点引入专业人员的智慧支

---

① PEST 分析,又称宏观环境的分析,是对政治(political)、经济(economic)、社会(social)和技术(technological)这四大类影响组织的主要外部环境因素进行的分析。

② SWOT 分析模型,也称 SWOT 分析法,即对研究对象内部的主要优势、劣势,外部的机会和威胁,依照矩阵形式排列和分析。

③ CIS 设计是 corporate identity system 的缩写,是指对企业的理念识别(mind identity)、行为识别(behavior identity)、视觉识别(visual identity)进行设计,以形成良好的企业印象。

持,如在进行特色品牌学校建设策划之前与过程中,可以进行专家咨询活动;在特色品牌学校建设策划之后,可以将完整方案呈送有关专家,组织专家进行论证等。

(二)组织特色品牌学校建设诊断性行动研究

特色品牌学校建设诊断性行动研究作为行动研究类型之一,须具备行动研究的基本条件和特点,行动是研究的基础,研究是行为的指向。本级政府和教育主管部门可以组织特色品牌学校建设诊断性行动研究团队,以特色品牌学校建设行为作为基础开展行动研究。特色品牌学校建设诊断性行动研究团队的构成,至少要包括三类人员:教育主管部门等有关负责人;来自高校的受到专门训练的研究人员或学界有名的行动研究学者;在治校办学方面卓有成就的中小学校长。特色品牌学校建设诊断性行动研究是在特色品牌学校建设行动过程中开展的研究,是为更好推进特色品牌学校建设行动开展的研究。特色品牌学校建设诊断性行动研究具有探索性、行动性、诊断性、改进性等特点,主要内容是通过系统搜集、整理和分析特色品牌学校策划、建设资料,对特色品牌学校建设行动意图、行动过程、行动效果、行动问题等进行侦查判断,并制定出后续行动方向及其行动改进方案。实施过程通常包括特色品牌学校建设策划方案分析,特色品牌学校建设过程考察,特色品牌学校建设诊断与改进等阶段。由于科学的研究是有效诊断与改进特色品牌学校建设行动,保障和提升特色品牌学校建设质量的根本,因而合理的特色品牌学校建设诊断性行动研究设计不可或缺,此亦须妥当组织。

(三)构建特色品牌学校建设综合保障机制

机制是破解特色品牌学校建设难以持续的有效方式。特色品牌学校建设持续发展须构建综合保障机制。其一,建立时间保障机制。可以制定特色品牌学校建设中长期规划,设定特色品牌学校建设周期和准许连续建设周期,保证建设成果有足够时间沉淀为学校精神和文化,转化为育人质量和社会影响力,升华为师生价值认同和行为实践。其二,建立绩效考评机制。本级政府和教育主管部门可以建立特色品牌学校建设绩效考评机制,对考评优良学校进行嘉奖,对考评不合格学校进行整改,扭转重宣传、轻建设、懒做功夫的急功近利做法。其三,建立财政投入机制。本级政府和教育主管部门可以建立特色品牌学校建设财政连续投入机制,以财政资金连续投入政策,保障特色品牌学校建设政策的持续性。其四,建立岗位责任机制。本级政府和教育主管部门可以建立特色品牌学校建设岗位责任机制,让特色品牌学校建设的责任落实到"岗",不是落实到"人",保障特色品牌学校建设不因"关键人"改变无疾而终。其五,建立校园防护机制。本级政府和教育主管部门可以建立特色品牌学校建设校园防护机制,用审查性防护举措,学习、研讨等"进头脑"方式替代简单的"进校园"方式,防止特色品牌学校建设不伦不类,为粤北特色品牌学校建设持续健康发展提供必要的保障。

七、粤北特色品牌学校建设的经验

尽管目前粤北特色品牌学校建设还存在许多瓶颈,在一定程度上制约了粤北特色品牌学校的建设,同时影响了粤北基础教育高质量发展,但是仍有例外。始兴县党委政府切实承担起粤北特色品牌学校建设的主体责任,教育主管部门主动承担起粤北特色品牌学校建设的直接责任,多措并举破解特色品牌学校建设瓶颈,以特色品牌学校建设,推进了基础教育高质量发展。

第一,规划为先。特色品牌学校建设规划是特色品牌学校建设的基础。然而,很多地方教育主管部门缺乏特色品牌学校建设意识,对特色品牌学校建设没有认真规划。始兴县位于广东省北部,是盛唐名相张九龄的故乡,历史文化底蕴深厚,被誉为"南岭明珠"。2015年,在实现"教育创强"目标后,县委县政府提出"走内涵发展道路,办特色教育"新目标,致力于推进"一校一特色,一校一品牌"。为做好规划,县教育局借助广东省教育研究院团队力量,制定了符合始兴县实际的特色品牌学校建设的中长期规划,提出用5年左右时间突破特色品牌建设的瓶颈,打造若干所特色品牌学校;用10年左右时间建成一批特色品牌学校,将始兴县打造成省内外具有一定影响的基础教育特色品牌县。

第二,策划为本。特色品牌学校建设的核心是特色品牌策划。始兴县教育局经研究,多途径提升中小学校长的特色品牌策划能力。一是举办专题培训与研讨会,邀请广东省教育研究院谢绍熺等专家到始兴县进行特色品牌学校策划专题培训,同时举办特色品牌学校创建专题研讨会。二是实地考察学习,积极选派中小学校长前往北京、长沙、佛山、肇庆等地进行特色品牌学校实地考察,仅2018年考察学校就达9所之多。三是开展案例分析,邀请广东省名校长工作室主持人、佛山市南海石门实验中学梁世安校长及校长工作室成员,到始兴县介绍其特色品牌学校做法,进行特色品牌学校建设案例分析,同时帮助和指导中小学校长完善学校特色品牌建设方案。四是参与评选大会,组织参与广东省研究院举办的中小学特色学校建设成果征集活动评审大会,让中小学校长在特色学校建设评审现场学习特色品牌策划。

第三,"诊改"为要。特色品牌学校建设经过一段时期的实践,必然会存在这样那样的问题,这就需要对特色品牌学校建设进行诊断和改进,即"诊改"。始兴县教育局委托韶关学院有关专家团队对特色品牌学校建设开展多次"诊改"调研。如 2020 年 10 月对墨江中学特色品牌建设进行的"诊改"调研,2021 年 1 月对城南中学和始兴中学进行的特色品牌建设"诊改"调研等。通过系统搜集、整理和分析特色品牌学校策划、建设,考察特色品牌学校建设存在的问题,指导特色品牌学校建设对问题进行改进,业已成为始兴县擦亮特色品牌学校,提升特色品牌学校建设质量的关键举措。

第四,保障为基。特色品牌只有经过时间发酵,才能沉淀为学校的精神和文化,转化为育人的力量。特色品牌学校建设无疑需要可持续发展。但是由于多种原因,特色品牌学校建设往往难以持续发展。为此,始兴县教育局高度重视建立健全特色品牌学校建设持续发展保障机制。一是设定连续周期制度。支持特色品牌学校连续建设 3 个周期,并且定期汇报特色品牌学校建设情况,通过设定特色品牌学校建设连续周期,引导特色品牌学校建设可持续发展。二是纳入规划。要求特色品牌建设学校将特色品牌建设纳入学校发展中长期规划,在资源配置上给予特色品牌建设重点支持和保障。三是建立岗位责任制。建立特色品牌学校建设岗位责任制,防止特色品牌学校建设因"人"而"变",保障特色品牌学校建设持续发展。

由于特色品牌学校建设举措有效,始兴县出现了一批特色品牌学校。始兴中学依托校内古建筑大成殿构建了"大成教育",形成了以"秉承儒家文化,培育大成英才"为核心的学校文化;风度中学基于"红色风度"和"九龄风度"凝练"风度教育",致力于培养"风度之后代精英";墨江中学以"润墨教育"为核心,推行"墨水长流,厚德载物"的校园文化;城南中学以"玲珑教育"培养"同心同德,培养德才兼备,至善至美的学生";始兴实验小学以"共生教育"悉心打造特色品牌,课程建设、校园文化和教学质量骄人。在 2018 年广东省第二届中小学特色学校建设成果征集活动评审中,始兴中学的"大成教育"、风度中学的"风度教育"荣获二等奖,墨江中学的"润墨教育"、城南中学的"玲珑教育"荣获三等奖,始兴实验小学因"共生教育"下的足球课程被授予"全国青少年校园足球特色学校"。借由特色品牌学校建设,始兴县正在加紧实现基础教育高质量发展目标。

主要参考文献

蔡峻,2007.大学新生入学适应性教育探讨[J].重庆科技学院学报(社会科学版)(3):127-128.

蔡琰,2016.教材习作训练生本化的策略探索[J].上海教育科研(5):90-92.

常星星,2017.基于儿童认知理论的小学生财经素养教育研究[D].武汉:华中师范大学.

陈会娜,2015.如何加强小学语文写字教学[J].当代教育实践与教学研究(1):9.

陈琦,刘儒德,2007.当代教育心理学[M].北京:北京师范大学出版社.

陈如平,2019.紧扭住基础教育高质量发展的关键[J].人民教育(Z3):1.

陈晓清,2017.农村中小学美育课程资源的开发与利用[J].教育理论与实践,37(2):40-42.

程仙平,2016.社区教育品牌生成路径与对策研究[J].成人教育:36(9):27-30.

崔晴,赵雄辉,2019.促进小学生课后服务健康发展的策略[J].教学与管理(8):13-15.

崔岩,2019.实践创新:铸就中国特色高等职业教育品牌[J].中国职业技术教育(7):110-112.

崔允漷,夏雪梅,2004.校本课程开发在中国[J].北京大学教育评论(3):30-34,52.

董长云,2006.城市居民休闲生活质量指标体系研究[D].杭州:浙江大学.

董晶,2017.小学生入学适应现状及管理对策的行动研究——以长春q小学为例[D].延吉:延边大学.

窦桂梅,2013.清华附小:围绕课程变革进行组织整合[J].中小学管理(9):17-19.

杜威,2005.我们怎样思维·经验与教育[M].姜文闵,译.北京:人民教育出版社.

杜玉波,2020.适应新发展格局需要 推进高等教育高质量发展[J].中国高教研究(12):1-4.

范涌峰,2021."后减负时代"基础教育高质量发展的生态重构[J].四川师范大学学报(社会科学版),48(6):42-52.

费鑫宇,周春玲,2018.农村小学生核心素养培养的困境及策略探析[J].山西农经(7):124-125.

傅建明,2002.校本课程开发的价值追求[J].课程·教材·教法(7):21-24.

高维,程亚楠,庞茗萱,2017.天津市初中生劳动教育现状调查研究[J].天津市教科院学报(5):58-61.

谷贤林,2018.美国学校如何开展劳动教育[J].人民教育(21):77-80.

顾明远,1998.教育大辞典(增订合编本)[M].上海:上海教育出版社.

顾玉军,2006.民族地区农村小学进行校本课程开发的可行性及对策[J].教育探索(4):23-24.

顾艳丽,罗生全,2018.中小学课后服务政策的价值分析[J].教育科学研究(9):34-38.

关道权,张永保,2011.高校女教师业余生活安排和体育锻炼制约因素调查[J].运动(6):84-85,51.

桂富强,黄春蓉,宋刚,2013.高校思想政治教育品牌培育刍议:以西南交通大学"磐石计划"品牌培育为例[J].西南交通大学学报(社会科学版)(2):59-62.

郭浩,2007.农村教师业余生活存在的问题、成因及对策[J].教育与职业(18):173-174.

郭静,车丽娜,2019.英国课后服务的运行模式及启示[J].教学与管理(6):121-124.

郭毅萍,2014.美国课后托管教育对我国的启示[J].南阳理工学院学报(4):96-100.

郭月兰,汪霞,2019.研究生教育高质量发展:内涵、逻辑与实践取向[J].研究生教育研究(2):6-11.

哈蒂,2015.可见的学习:最大程度地促进学习[M].金莺莲,洪超,译.北京:教育科学出版社.

哈经雄,滕星,2001.民族教育学通论[M].北京:教育科学出版社.

郝倩,2017.小学一年级新生学习适应性现状研究[D].石家庄:河北师范大学.

贺祖斌,2020.论高等教育高质量发展的十大要点[J].高校教育管理(5):42-48,124.

亨利(Henry),2010.休闲政策政治学[M].徐菊凤,陈愉秉,潘悦然,译.北京:中国旅游出版社.

洪秋丽,2018.小学"三步书写体验"书写教学的探索[J].教师博览(科研版)(2):39-40.

胡定荣,徐昌,2022.协同、育人、全面、规范与质量:北京市中小学校本课程开发的趋势分析[J].中国教育学刊(10):74-80.

胡劲松,吴会会,2016.义务教育学校托管的法律属性[J].教育发展研究,36(2):42-48.

黄宝权,2016.中小学生核心素养培养路径探析[J].教育探索(11):14-16.

黄彩英,2019.浅谈小学生核心素养的培养策略[J].教育艺术(4):72-72.

黄利明,2007.浅谈小学低中年级习作训练的方法[J].中国教育学刊(1):66-67.

黄珍珍,冉东平,周丽英,2016.家长对校园托管的态度及需求[J].教学与管理(14):14-15.

黄淑梅,赖志平,2018.小学一年级新生入学适应性的策略研究[J].教育观察,7(14):49-50.

计为亮,2011.让我们的英语课堂充满活力[N].学知报(9):19.

纪素芳,2020.教师如何实现与教材编者对话[J].语文建设(4):50-52.

冀小婷,2016.英语学科核心素养培养的实现途径[J].天津师范大学学报(基础教育版)(3):48-51.

瞿葆奎,1989.教育学文集·教育评价[M].北京:人民教育出版社.

赖慧玲,2019.新时代的小学劳动教育[J].基础教育研究(13):11-13.

李大维,张向葵,盖笑松,等,2013.学前教育年限与母亲受教育水平对农村一年级小学生学校适应的影响[J].心理发展与教育,29(3):299-304.

李海权,李春霞,2019.基于小学生核心素养的教学改革实证分析[J].基础教育研究(1):27-30.

李浩,2015.小学低年级学生写字素养的现状及改进建议——基于长春市N小学的个案研究[D].长春:东北师范大学.

李静,王其荣,陈朝晖,2012.品牌理论研究综述[J].企业改革与管理(11):12-13.

李明远,彭华清,2016.初中英语阅读课教学与学科核心素养培养[J].教育科学论坛(20):58-62.

李清臣,刘现营,2016.县域基础教育改革与发展的理论和实践——"郸城教育品牌"的行动诠释[J].教育理论与实践,36(20):13-15.

李姝妍,2014.小学新生适应性问题研究[D].沈阳:沈阳师范大学.

李彤彤,2018.创客式教学:面向核心素养培养的STEAM课程教学新范式[J].中国电化教育(9):40-47.

李醒东,赵伟春,陈蕊蕊,2020.对义务教育阶段学生课后服务的再思考[J].中国教育学刊(11):61-65,91.

李月如,2018."四会"评价:培育小学生核心素养[J].师资建设(5):70-71.

李政涛,2020."五育融合"推动基础教育高质量发展[J].人民教育(20):13-15.

林崇德,2016.21世纪学生发展核心素养研究[M].北京:北京师范大学出版社.

林崇德,2002.发展心理学[M].杭州:浙江教育出版社.

林慧,2004.教育品牌战略研究[J].商业时代(11):25-26.

刘长青,2019.幼小衔接工作中存在的问题及对策[J].新课程研究(1):123-124.

刘国瑞,2021.新发展格局与高等教育高质量发展[J].清华大学教育研究(1):25-32.

刘金花,2013.儿童发展心理学[M].上海:华东师范大学出版社.

刘士荣,2020.农村小学学生核心素养评价初探[J].天津教育(30):177-178.

刘树仁,2003.小学教学论[M].北京:人民教育出版社.

刘馨,2018.小学生课后校内托管服务现状调查研究——以石家庄市为例[D].石家庄:河北师范大学.

刘旭东,2003.校本课程的理念与实施[M].北京:首都师范大学出版社.

罗燕芬,2013.高中学生政治学科核心素养培养的实现途径[J].教育导刊(5):85-87.

马廷奇,2019.高职院校扩招与高职教育高质量发展[J].中国职业技术教育(33):25-30.

马莹,曾庆伟,2018.学校课后服务的功能窄化及其制度突围[J].当代教育科学(11):60-64,79.

马扎诺,2019.高度参与的课堂:提高学生专注力的沉浸式教学[M].白洁,译.北京:中国青年出版社.

潘辰午,任娇旸,2021.中小学课后服务实施的问题及对策:基于学校管理的角度[J].教育观察,10(15):60-62.

潘照团,2020.单元习作须重视单元整体的策应[J].教学与管理(32):34-36.

彭亚宁,2018.部编版小学语文一年级识字写字教学浅谈[J].青海教育(10):25.

邱连英,2021.小学课后服务中的校本课程[J].教学与管理(14):9-11.

屈璐,2019.日本课后服务的路径与机制研究:以牛久市学社合作模式为例[J].现代远距离教育(2):64-70.

屈太侠,2015.走向有效的写字教学[M].福州:福建教育出版社.

单妍,李志厚,2019.基于教育高质量发展的混合式教学模式建构[J].教育理论与实践,39(35):48-51.

沙文居,张超,2019.小学生入学适应专题的心理健康教育教学设计[J].中小学心理健康教育(31):19-22.

尚晓翠,2019.部编版小学语文教科书写字教学研究[D].济南:山东师范大学.

沈丽英,2011.小学习作课"小练笔"的教学策略[J].上海教育科研(2):85-86.

石鸥,张文,2016.学生核心素养培养呼唤基于核心素养的教科书[J].课程·教材·教法(9):14-19.

斯琴高娃,2011.蒙古族中学劳动教育的现状与对策研究[D].呼和浩特:内蒙古师范大学.

孙继伟,2008.从危机管理到问题管理[M].上海:上海人民出版社.

孙继伟,2010.问题管理的理论与实践[J].管理学报(11):1615-1620.

檀传宝,2018.加强和改进劳动教育是当务之急:当前我国劳动教育存在的问题、原因及对策[J].人民教育(20):30-31.

唐益峰,2018."提笔即练字":低中年级书写教学的智慧过渡[J].华夏教师(6):90.

田澜,王仁芳,田祥杰,2005.高中新生入学适应性焦虑及其缓解[J].教育探索(11):83-84.

田蓉,2019.基于儿童心理特征的小学校园色彩设计研究[D].武汉:华中科技大学.

涂畅,2021.小学低年段写字有效教学策略的研究[D].南京:南京师范大学.

万晓,2010."放学后学校":韩国应对课后补习热的重要举措[J].中小学管理(11):51-52.

王恒,2018.夯实基础,提高农村小学低年级学生书写能力[J].作文成功之路(中)(3):28.

王建华,2021.什么是高等教育高质量发展[J].中国高教研究(6):15-22.

王景全,2008.论幸福的休闲维度[J].中州学刊(4):114-118.

王乐,2018.浅谈农村小学生核心素养的建构及培养途径[J].教育现代化,5(5):346-348.

王练练,邵艾群,2022.成人休闲教育的作用及策略研究[J].西北成人教育学院学报(1):11-15.

王林慧,2014.小学习作教学目标体系的构建与实施[J].中国教师(7):77-80.

王鹏,2016.增强小学美育实效应提升"六性"[J].教学与管理(20):7-8.

王强,2008.高职新生入学适应性问题研究[J].重庆邮电大学学报(社会科学版)(S1):27-29.

王锐丹,2016.大学新生入学适应性问题初探[J].教育现代化(1):71-72.

王薇,2017.活动理论框架下基于学生核心素养的课堂教学模式[J].教育理论与实践(23):35-36.

王文君,2019.新时代乡村美育教师队伍建设的实践策略[J].中国教育学刊(12):86-88.

王小川,2020.小学低学段部编版语文课本识字写字教学研究[D].延安:延安大学.

王晓燕,2018.对小学生核心素养培养路径的探析[J].教师(6):80.

王兴龙,2021.让孩子们爱上书写:小学语文低年级写字教学研究[C]//2021教育科学网络研讨会论文集(五):195-197.

王雪,2014.基于汉字认知的儿童早期书写研究[D].西安:陕西师范大学.

文新华,1995.论劳动、劳动素质与劳动教育[J].教育研究(5):9-15.

吴春薇,2015.美育视角下的乡村中小学音乐教育[J].社会科学战线(12):277-280.

吴德生,2008.关于汉字书写问题的研究[J].考试周刊(52):26.

吴凤霞,2021.自主互动,赏评结合:谈习作评价变革[J].小学教学研究(3),32-33.

吴刚平,2000.校本课程开发的思想基础——施瓦布与斯腾豪斯"实践课程模式"思想探析[J].外国教育研究(6):7-11.

吴开俊,孟卫青,2015.治理视角下小学生课后托管的制度设计[J].教育研究(6):55-63.

吴立岗,2017.小学作文教学论[M].南宁:广西教育出版社.

吴勇,2017.吴勇用教材:小学教材习作教学探索[M].福州:福建教育出版社.

夏义勇,胡勤涌,2017.中学财商教育及其路径探略[J].中学政治教学参考(3):75-77.

项建达,项爱琳,2018.精准实施"课后托管"助力办学服务品质提升[J].中小学管理(1):49-50.

肖绍明,扈中平,2019.新时代劳动教育何以必要和可能[J].教育研究(8):42-50.

肖亚女,2018.低年级"快乐书写"教学策略实践研究[J].读与写(教育教学刊)(8):172-212.

熊熊,刘宇佳,2019.美国中小学课后教育的兴起之路、发展之困与经验之谈[J].教育科学研究(6):81-86.

徐爱斌,杨婕,任洁,2021.川北地区乡村教师业余生活质量的诊断与建议[J].成都师范学院学报(8):42-56.

徐国明,2016.小学数学核心素养培养的思考与实践[J].中小学教师培训(7):42-45.

徐海娇,2018.劳动教育的价值危机及其出路探析[J].国家教育行政学院学报(10):22-28.

徐培林,2018.小学生习作的多元化评价[J].中国教育学刊(S1):231-235.

徐玉珍,2001.校本课程开发:背景、进展及现状[J].比较教育研究(8):24-28.

徐子杰,2013.小学语文写字教学指导策略构建研究[J].太原大学教育学院学报(4):113-115.

许建琴,2013.利用思政课做好高职新生入学适应性教育浅析[J].西安文理学院学报(社会科学版)(2):58-60.

薛彩云,2021."四化":提高习作评改实效之路径[J].语文建设(16):35-39.

薛茂云,王国庆,2018.专业集群建设:实现新时代高职教育高质量发展的路径选择[J].中国职业技术教育(34):43-49.

学松,2017.高等非学历教育品牌构建策略研究[J].成人教育,37(10):65-69.

阎亚军,李赤,2016.政府推动义务教育阶段学校托管班发展研究[J].天津师范大学学报(基础教育版),17(1):7-11.

杨峰权,2021.教学评一体化"下习作教学目标的确立及实施[J].教学与管理(35):57-60.

杨敏,印义炯,2009.从哈克教授的幼小断层理论看法国的幼小衔接措施[J].天津市教科院学报(4):55-56.

杨琪,2021.小学中段习作教学现状调查与对策研究[D].成都:成都师范大学.

杨清溪,柳海民,2020.优质均衡:中国义务教育高质量发展的时代路向[J].东北师大学报(哲学社会科学版)(6):89-96.

叶澜,白益民,王枬,等,2015.教师角色与教师发展新探[J].甘肃教育(3):128.

张伯成,2015.为破解"三点半难题"献言[J].教学与管理(17):12-14.

张宏蓓,2020.青海省民族地区校本课程开发与对策思考[J].林区教学(2):109-111.

张磊,倪胜利,2019.身体视域下的劳动教育:文化内涵、价值意蕴与实践路向[J].国家教育行政学院学报(10):88-95.

张立国,王国华,2018.计算思维:信息技术学科核心素养培养的核心议题[J].电化教育研究(5):115-121.

张千帆,曹翠翠,2013.高校MBA教育品牌战略实施研究[J].高等教育研究(5):62-65.

张伟,2019.养成小学生核心素养的初步思考[J].文教资料(7):163-164.

张香竹,2011.小学语文写字教学的现状与对策研究[J].濮阳职业技术学院学报(3):101-104.

张雅,夏金星,2018.高等职业教育品牌的内涵、构建机理和实施策略研究[J].中国职业技术教育(22):55-58.

张亚飞,2020.主要发达国家中小学课后服务研究[J].外国教育研究,47

(2):59-69.

张忠诚,2020.统编教材习作单元教学的三种思维策略[J].语文建设:35-37.

章祥翔,章艳,2013.教育品牌资产生成路径研究[J].教学与管理(33):15-17.

赵梦可,2019.小学校本课程的实施有效性研究[D].牡丹江:牡丹江师范学院.

赵学昌,2016.把核心素养内化于课堂[J].教育理论与实践(32):6-7.

郑日昌,2007.心理测验与评估[M].北京:高等教育出版社.

中华人民共和国教育部,2011.中国儿童发展纲要(2011—2020)[M].北京:北京师范大学出版社.

周建松,2019.以"双高计划"引领高职教育高质量发展的思考[J].现代教育管理(9):91-95.

朱桂琴,2017.核心素养视域下的师范生实践教学变革:方向、困境与路径[J].教育发展研究,37(12):46-51.

朱坤,2017.小学高年级习作教学现状调查及改进策略[D].沈阳:沈阳师范大学.

朱丽,2014.小学新生入学适应性问题刍议[J].开封教育学院学报,34(9):224-225.

朱秋婵,2017.小学生核心素养培养研究[J].都市家教:下半月(1):239-239.

朱文良,徐馨,万慧琳,2009.浅谈大学新生适应性教育[J].科技资讯(28):223.

朱旭光,2020.深度学习理念下习作指导策略的转型[J].教学与管理(11):29-31.

庄西真,2021.论增值评价对职业教育高质量发展的意义[J].中国职业技术教育(4):12-17.

邹花香,艾芝萍,2019.习作教学如何进行过程指导:以三年级为例[J].语文建设(14):34-37.

ADAM Z,KOMENDA M,DOUBEK M,et al,2010. Universities need to have high quality education as well as an effective quality control of their students' (products') knowledge and skill base[J]. Vnitrni lekarstvi(6):624.

ASCHER C,2006. NCLB's Supplemental Educational Services:Is This What Out Students Need? [J]. Phi Delta Kappan(10):135-141.

PLUZHNIK I L,GUIRAL F H A,2020. Modelling a high quality education for international students[J]. Eğitim ve Bilim(6):49-73.

JING L,2020. A brief analysis of the positive significance of 'three minutes before class' to Chinese writing teaching in primary schools based on the core literacy of Chinese[J]. Lifelong Education(9):7.

JOHAN B,2006. Creating a legal framework to support the provision of high quality education in South Africa[J]. Education And The Law(2):123-143.

KENNY S,WEISS T,1986. A case study of a school-based curriculum development as a model for INSET[J]. Journal of Education for Teaching. 12(2):156.

LAWRASON S V C,MARTIN G K A,2021. Factors associated with leisure-time physical activity participation among individuals with spinal cord injury who ambulate[J]. Disability and rehabilitation(16):1-8.

LIANG W,HE L,ZHEN Z,et al,2019. Research on the improvement of students' core competence by deep learning based on flipped classroom[J]. Wireless Internet Technology(38):39-40.

LIN C D,LIU X,HAO W W,et al,2017. The reform of elementary education based on students' core quality:an interview with Lin Chongde[J]. Contemporary Teacher Education(7):163-164.

MICHAEL J,1997. Does community college attendance provide a strategic path to a higher quality education? [J]. Economics of Education Review(1):59-68.

SADLER D R,1989. Formative assessment and the design of instructional systems[J]. Instructional Science(2):119-144.

SHERIDAN S M,KOZIOL N A,CLARKE B L,et al,2014. The influence of rurality and parental affect on kindergarten children's social and behavioral functioning[J]. Early Education and Development,25(7):1057-1082.

SOHUM S,SCOTTY D C,KRISHNA V,2017. A blueprint for an ecosystem for supporting high quality education for engineering[J]. Journal of Engineering Education Transformations(4):58-66.

XU L,SUN S,ZHAO L,et al,2019. Research on improving the core literacy of primary school students through the "Comprehensive and Practical" mathematics curriculum in primary schools[J]. Journal of Xingyi Normal University for Nationalities(56):45-46.

ZHU Z Y,XIAO J M,2019. On Chinese composition teaching in primary school[J]. US-China Education Review(9):7.

后 记

本书是笔者2020年就职韶关学院后,在一段时间内学习和工作的成果。在来韶关学院之前,我对粤北没有什么概念,对基础教育也不甚关注。在韶关学院任职后,多次申请和开展韶关市哲学社会科学项目,多次承办粤北片区校(园)长培训、教师培训,多次承接广东省对粤北地区的基础教育调查研究工作,多次指导学生开展粤北地区基础教育相关主题的学位论文,积累了不少研究材料和成果。

本书是2022年度韶关学院人文社会科学研究后期资助项目"粤北基础教育高质量发展的探索"(编号:SH2022SK01)研究成果。值此图书出版之际,谨向支持我研究工作的校、院领导和同事,向一起探究粤北基础教育的同道,向为本书出版付出艰辛劳动的编辑同志,致以感谢!

童顺平

2023年4月